_____ 님의 소중한 미래를 위해
이 책을 드립니다.

예민해서 힘들다면
심리학을 권합니다

예민해서
힘들다면

예민하고 민감한 사람들이
행복하게 사는 법

곽소현 지음

심리학을
권합니다

메이트북스

메이트북스 우리는 책이 독자를 위한 것임을 잊지 않는다.
우리는 독자의 꿈을 사랑하고,
그 꿈이 실현될 수 있는 도구를 세상에 내놓는다.

예민해서 힘들다면 심리학을 권합니다

초판 1쇄 발행 2020년 10월 23일 | **지은이** 곽소현

펴낸곳 ㈜원앤원콘텐츠그룹 | **펴낸이** 강현규 · 정영훈

책임편집 유지윤 | **편집** 안정연 · 오희라 | **디자인** 최정아

마케팅 김형진 · 차승환 · 정호준 | **경영지원** 최향숙 · 이혜지 | **홍보** 이선미 · 정채훈

등록번호 제301-2006-001호 | **등록일자** 2013년 5월 24일

주소 04607 서울시 중구 다산로 139 랜더스빌딩 5층 | **전화** (02)2234-7117

팩스 (02)2234-1086 | **홈페이지** www.matebooks.co.kr | **이메일** khg0109@hanmail.net

값 15,000원 | **ISBN** 979-11-6002-305-3 03180

이 도서의 국립중앙도서관 출판시도서목록(CIP)은 e-CIP홈페이지(http://www.nl.go.kr/ecip)에서

이용하실 수 있습니다.(CIP제어번호 : CIP2020041254)

'자신을 속이지 마라, 자신이 하는 일과 기분을 잘 살피고
마음에 조용히 귀기울여라.
곧 자기 자신의 마음에 물어야 한다.
자신에게 묻는 척하며 자신이 상상한 타인에게 묻지 마라.
자신을 응시하는 척하며 자신을 바라보는 타인을 응시하지 마라.
더불어 타인이 보는 자신의 모습이
짐짓 진정한 자신이라 착각하지 않도록 주의하면서.'

• 『비트겐슈타인의 말』, 시라토리 하루히코 엮음·박재현 옮김(2015) •

예민해도
괜찮습니다

요즈음 상담실을 찾는 예민한 사람들이 부쩍 늘었다. 예민한 사람들이 호소하는 증상은 주로 호흡곤란과 심장 두근거림이다. 소위 신체화 증상이다. 혹은 대인관계의 어려움이 표출된 후에 고통의 절정에서 비로소 상담자를 찾아온다.

자신이 예민한 사람인지 알아보려면 얼마나 자극에 민감한지를 보면 된다. 예민한 사람들은 자극에 민감하기 때문에 평균적인 사람들의 반응보다 격렬한 감정표출이나 상황에 민감한 대응이 많다. 결과적으로 빨리 지치고 기대했던 결과가 나오지 않을 때 자기 실수로 여겨 자책하거나 슬픔의 감정을 느끼기도 한다.

생각 외로 많은 사람들이 자신은 예민하지 않다고 생각한다. 감정을 억압했던 것이 어떤 증상으로 나타나면, 그제서야 예민한 자신을 발견하고 낯설어한다.

"예민한 자신을 그대로 받아주면 안 될까요?"
이렇게 말을 해주면 그래도 되는지, 반문하는 경우가 많다.

'예민함은 나쁜 것, 성가신 것'이라는 사회적 통념이 있다. 이 때문에 무의식적으로 자신을 숨기고 가정에서나 사회에서 스스로 소외시켜온 경우가 많다. 무엇보다 자기 자신을 제대로 이해하는 것이 첫걸음이다. 예민한 사람일수록, 참아온 감정, 몸 안의 울음을 쏟아낼 '우는 방cry room'이 꼭 필요하다. 대부분 자신을 인정하지 않고 '나는 왜 이럴까?' 자책하는 일은 그만두어야 한다.

예민함은 없애야 할 것이 아니다. 오히려 좋은 특성이므로 잘 살리는 것이 필요하다. 예민한 사람들은 누구보다 꼼꼼하다. 대충대충 할 수 없기 때문에 상대적으로 성과를 내기에도 좋다. 실제 이들의 완벽주의적 성향이 있어 사회적으로 성공한 예가 많다. 세심함으로 주변을 돌아보는 것 역시 큰 장점이다. 또한 풍부한 감성과 창의성이 탁월하다.

그동안 '예민하면 안 된다'고 생각하면서 부정적인 생각을 키웠다면, 이제부터는 예민한 나의 특성을 받아들이고, 민감해질 때 감정을 잘 컨트롤할 수 있으면 된다. 구체적으로 나는 무엇에 민감하게 반응하는지 알아볼 필요가 있다.

자신의 예민함을 잘 이해하고 다루면 부정적인 생각도 덜어낼 수 있다. 혼자서도 일을 잘할 수 있지만 다른 사람의 도움도 기꺼이 받아들여보자. 가끔 실수를 해도 되고 꼭 완벽할 필요는 없다.

이 책에 소개한 '예민·민감도 체크리스트'를 통해 객관적으로 자신을 파악해보기 바란다. 또한 사례별 심리학적 해석과 방법을 자신에게 적용하며 따라가다 보면, 예민하고 민감한 사람으로서 행복하게 살아가기 위한 방법을 터득하게 될 것이다.

다만 너무 지치지 않게 긍정적이든 부정적이든 극단으로 가지 않도록 하는 것이 핵심이다. 본서는 예민한 사람을 응원하기 위한 책이다.

'예민해도 괜찮습니다. 그렇습니다!'

곽소현

예민한 내가
이렇게 좋은 줄 몰랐습니다!

예민한 성향의 사람들은 어디를 가든 표가 난다. 이들은 조용히 최소한의 반응만을 보이며 존재감을 잘 드러내지 않아 언뜻 보면 자신만의 세계에 침잠해있는 것처럼 보인다. 이들은 타인의식이 강해 떠들썩한 분위기에서는 자신을 숨길 때가 많고, 그래서 마치 외계인처럼 느껴지기도 한다. 그런 분위기에 억지로 맞추지 않아도 되지만 이들에겐 가시방석일 뿐이다. 적극적인 관심을 공격적으로 느끼는 것은 자신의 경계를 침범당하는 것에 대한 두려움 때문이다.

　예민한 사람들은 소리, 빛, 냄새 등 거의 모든 것에 강박적으로 민감하게 반응한다. 사람들이 많이 모인 장소에서는 심한 자극으로 고통스러워하며 친구들과의 더블 데이트, 가족 모임도 '괜히 만나기로 했나?' 하고 내심 후회하며 부담을 느낀다.

예민한 사람들은 어느 정도 혼자 있는 시간을 가져야만 한다. 누가 도와주는 것을 통제로 느껴 살아오면서 스스로 모든 것을 책임져왔거나 반대로 타인에게 맞추느라 주도권을 가진 적이 없기 때문이다.

따라서 예민한 사람들에겐 사생활의 안전과 자유를 보장받는 것이 그 어떤 이벤트나 장미꽃 한 다발보다 더 소중하다. 타인으로부터 상처받을까봐 일정한 거리를 두지만 단지 자신이 견딜 만큼의 거리를 두는 것이지, 그와 가깝지 않거나 친밀하지 않아서가 아니다. 마음이 차가워서도 아니다. 이들은 누군가와 한 번 인연을 맺으면 오래가고, 희생도 마다하지 않는다.

타고난 성향과 별개로 인정욕구가 채워지지 않아 예민해지는 경우도 있다. 예민한 사람들에게는 자신의 능력과 기여도가 중요한데, 자극에 압도당해서 불안과 초조로 일상생활이 힘들어지기도 한다.

이들의 강박적 열심은 자기발전을 하지 않는 사람을 못 견뎌하며, 창의적인 방식과 빠른 일처리를 좋아한다. 예민하게 지각하고 꼼꼼하게 기록하며 반복적으로 수행함으로써 최고의 업적을 이룬다. 이들은 취미생활과 직업뿐 아니라 자신의 위치에서 완벽을 추구한다.

이들은 결벽증이나 강박증으로 자신을 괴롭히는 특징이 있다. 강박증은 정신과 4대 질환 중 하나일 정도로 매우 흔하다. 강박증은 세계보건기구who에 의해 10대 질환에 선정되기도 했다. 강박장애는 불안장애의 하위 범주에 들어가는데 20대와 30대가 가장 많고, 여자들에게서 더 자주 발견된다(KOSIS. 2016).

예민한 사람들은 자극에 고통스러워하면서도 감각이 무뎌지는 것을 못 견뎌한다. 더 큰 자극을 갈망하다가 결국 일상의 행복과 소소한 기쁨을 놓쳐버리기 일쑤다. 예민함에서 오는 강박적인 불안은 억압된 감정을 표출함으로써 줄일 수 있다. 때로 긴장과 강박으로 인한 무기력감으로 행동이 느려지지만 그것조차 자신을 위한 보호 장치다.

타고난 예민함은 없애야 하는 것이 아니며 평생 함께 가는 것이다. 다만 예민한 감정이 불쑥 올라올 때 '아, 또 왔구나!' 하고 인식하는 것이 중요하다. 자신의 예민한 감정이나 불안한 상황을 모두 통제하려는 유혹에서 벗어나야 한다.

섬세한 감각과 세심함은 바라는 결과를 내는 데 강점이 되기도 한다. 하지만 세세한 것에 신경 쓰고 말 한마디 실수하지 않으려는 강박에 시달리다 보면 지치게 된다. 이때는 평소보다 활력이 넘치도록 자기 감정을 크게 표현하고 억지로라도 명랑해지는 편이 도움이 된다.

그렇다면 예민함을 즐길 수는 없을까? 생각지 못한 상황 때문에 당황하고 사람 때문에 화가 나기도 하지만, 예상 밖의 일들을 견디고 주도면밀한 계획을 줄여 대충 해보기, 융통성 키우기, 통제할 수 없는 상황 인정하기, 작은 것에 집착하지 말고 넓은 시각으로 바라보기, 객관화를 통해 현실적인 감각 키우기 등을 실천해보는 것이 좋다.

예민한 사람은 누구보다 마음 공부가 필요하다. 실제보다 덜 심각하게 지각하도록 돕는 체계적 둔감법이나 명상이 도움이 된다. 가급적 스트레스를 적게 받도록 근무 환경을 개선하고, 자연을 가까이 접하면서 여유롭게 산책하는 것도 좋다. 이들에겐 세상을 어떻게 지각하느냐가 중요한데, 관점을 달리한다면 예민함을 줄일 수 있다. '재명명', 즉 다른 시각으로 보기 위한 아이스브레이킹ice breaking도 유익하다.

무슨 일이든지 일단 시도하고 나서 그 뒤에 후회해도 늦지 않다. 예민해서 잠을 깊이 못자고, 자주 불안이 찾아오고, 예상치 못한 감정들 때문에 혼란스러워도 나는 잘 해나갈 수 있다고 자신을 믿어보자. 그냥 '어떻게든 되겠지!'라고 무조건 낙관하는 게 아니라, 확신이 없어도 빈칸을 하나씩 매워나가며 꾸준히 실천하는 것이다.

잡힐 듯 잡히지 않던 자신의 실체가 궁금하지 않은가? 그동안 자신과 다른 어떤 환상을 꿈꿔왔다면 이제 자신의 예민한 성향 그대로를 받아들여보자. '환상 속의 내'가 아닌 '현실적인 나'를 만날 수 있을 것이다. 이 책을 다 읽고 나면 "그때는 왜 몰랐을까? 예민해서 좋은 나인걸!" 담담하게 미소 짓게 될 것이다.

차 례

====
1장
====

나는 예민하고 민감한 사람입니다

4장

예민함과 민감함이
빛을 발할 때도 있다

5장

예민하고 민감한 내 모습,
그대로 잘살기

나는 예민하고 민감한 사람입니다

내가 왜 이렇게 예민한지 고민하는 사람들은 기분이 자주 변하고 예측 못할 일 앞에서 보통사람보다 더 큰 불안을 느낀다. 주변에서 예민한 사람으로 인식되며, 한마디 말을 곱씹는 등 자신이 예민하다는 사실을 어렴풋이 알아차리게 된다. 그러다 어느 날 갑자기 호흡곤란과 같은 공황발작이 일어나기도 하고, '킁킁' 냄새를 맡는 등 자극에 몹시 예민해진다. 기질적 예민함에 스트레스 상황이 겹쳤을 경우에는 더 심각하다. 작은 터치에도 예민해지고, 수면제를 먹어야 가까스로 잠든다. 예민한 자극과 연결되었던 기분 나쁜 기억들. 강박적 불안을 억압한다면 갑작스런 증상 앞에 속수무책이 되기 쉽다. 이제라도 자신 안의 예민함의 실체를 하나씩 만나보자. 타고난 예민함은 여러모로 유익하며, 민감함은 그 자체로 충분히 아름답다는 의외의 사실을 알게 될 것이다.

예민해서 때로는 힘들고
때로는 슬프고

'인생사 희로애락'이라는 말처럼 사람에겐 다양한 감정이 있다.
슬픔은 타인의 상실을 나의 것으로 느끼는 강력한 감정이다.

부정적인 감정은 생애 전반에 영향을 미치며 쉽게 빠져나오기 힘
든 정서다. 특히 슬픔은 잃어버린 것에 대한 감정이기 때문에 자
신의 유년시절 잃어버린 사랑, 물건, 애완동물 등을 위한 애도 과
정을 거쳐야 비로소 슬픔에서 벗어날 수 있다. 슬픔이란 반복되
는 상실과 만남의 과정에서 일어나는 독특한 감정이다.

　예민함은 스스로의 감정을 들여다보는 과정에서 진화를 거듭
한다. 예를 들면 슬픔이 분노나 불안의 감정으로 변한다든가, 비
가 주룩주룩 내리는 날 잠들기 직전에 허전함이 스멀스멀 밀려드

는 경우이다. 어떤 사람들은 외동이 아닌데도 늘 혼자였다고 말한다.

"외로웠지만 혼자 알아서 했던 것 같아요."

혼자인 게 습관이 되면 북적대는 사람들 틈에 섞이는 것이 싫어서 자기 스스로를 물어봐주며 다독인다. 유리병 같은 자아 속에 깊숙이 들어가 자신과의 관계 패턴 속에 놓이는 상황을 은밀히 즐기는 것이다.

남이 힘들면 덩달아 슬퍼지는 것은 나도 모르게 내 안의 슬픔과 마주하게 되기 때문이다. 이런 상황이 공감능력으로 비춰지기도 한다. 소설 속 비슷한 인물을 만나게 되면 자기 자신도 이해하기 힘든 마음 때문에 눈물을 흘리다가 그와 동일시하면서 관계가 더 깊어지기도 한다.

들뢰즈Filles Deleuze에게 니체Friedrich Nietzsche는 허무주의가 아닌 긍정과 창조의 힘이다. 칼이 칼을 날카롭게 하는 것처럼 예민한 사람이 예민함 속에 있으면 그 안락함에서 빠져나오고 싶지 않게 된다. 거기서 벗어나려 하는 것은 최소한의 사회적응을 하기 위해서이다. 학교도 다니고 직장도 다녀야 하니까. 온전히 마음을 쏟으며 소속되기 위해 노력하지만, 잠깐씩 숨어버리지 않으면 당장 죽을 것 같으니 본시 예민한 사람임을 다시 절감할 뿐이다.

　인생의 풍파를 겪으며 익혀야 할 다양한 감정을 어릴 때 다 알아버리면 소위 '애어른adult child'이 된다. 행복이나 기쁨과 같은 감정을 미처 맛보기도 전에 슬픔의 감정을 먼저 만났기 때문이다. 자신도 이해하기 힘든 감정을 혼자 감당하다 보면 자폐적 경향이 나타나게 된다. 이들은 자기만의 방식대로 사니 때론 신비로운 사람으로 비춰지기도 한다. 하지만 본능적으로 감정의 균형을 이루기 위해 슬픔과 기쁨 양극단을 오가게 된다. 따라서 과장된 웃음을 보이거나 항상 미소 띤 표정이라면 역설적으로 슬픔이나 적개심을 숨기고 있는 경우일 확률이 높다.

　요즘 들어 부쩍 그렇다면 자신에게 뭔가 애도가 필요하다는 일종의 신호다. 이때는 조용한 공간에서 자신과 진솔하게 만나 나를 어루만져주어야 한다. 남들 뒷담화에 자주 끼어들고, 일의 마무리가 잘 안 되거나, 잠을 자도 개운치 않다면 지금 내가 무척 예민해져 있다는 증거다.

　이럴 때는 '아, 내가 아프구나!' 하고 비명을 질러주어야 한다. 남의 슬픔에 공감하고 관여하는 대신 자신의 슬픔부터 위로해주는 것이 우선이다.

　이는 최근 뇌의 활동성을 저해하거나 촉진하는 실험을 통해 검증되고 있다. 생물학적으로 상호작용을 관장하는 '측두정엽'은 감정이입을 하는 역할을 담당한다. 우리가 보통 우뇌라고 어렴풋하게 알고 있는 '우측 측두정엽'은 공감능력과 관련이 있다. 우측 측두정엽은 융통적인 사고와 감정으로 상황을 고려해서 사람의 마음을 들여다본다.

이런 예민성이 자칫 부정적인 방향으로 흐르게 되면, 타인의 감정에 매몰되어 에너지를 빼앗기면서 뇌의 활동이 저하된다. 상대의 마음이 잘 보이지 않아 '트러블 메이커trouble maker'가 되기도 한다. 남이 안쓰러워 무언가 해주려고 하지만, 진짜 마음은 안 보이고 자신의 감정이 예민해져 괴롭기 때문이다. 자신의 감정을 유보하며 '피스 메이커peace maker'가 되려 해도 참았던 감정이 폭발하면서 트러블 메이커가 되는 것은 시간문제다.

분석심리학자 칼융Carl Jung이 말했듯이 공격성과 수용성처럼 상반되는 감정은, 동전의 양면처럼 남성 속의 여성적 요소인 아니마anima, 여성 속의 남성적 요소인 아니무스animus로 한 짝이 될 때가 많다. 이런 양극의 짝을 이루려는 방향성은 자연스럽게 자기 속의 다른 모습을 찾아 균형을 이루고자 한다.

이는 영화 〈오만과 편견Pride and Prejudice, 2006〉의 자매 예에서 엿볼 수 있다. 첫째인 베넷브렌다 블레신은 어떤 사람이든 공감할 준비가 되어 있는 반면에, 둘째인 엘리자베스키이라 나이틀리는 주도적으로 자기 입장을 주장하곤 한다. 베넷은 당당하고 강한 엘리자베스 덕분

에 속이 시원하게 뻥 뚫리고, 엘리
자베스는 베넷의 사려 깊음에서 오
는 차분함과 온화함을 좋아한다. 그
런데 차분하고 순해 보이는 베넷이
야말로 아주 예민한 사람이다. 그녀
의 온화한 웃음 뒤에는 슬픔과 두려
움, 온갖 감정이 가려져 있다. 그래
서 청혼으로 이어질 때 거절의 두려
움 때문에 눈물이 하염없이 흐른다.

〈오만과 편견〉

격한 공감은
나의 슬픔

"저 사람은 마음이 아픈 것 같아."
"눈이 슬퍼 보여."

끊임없이 다른 사람의 마음이 읽히는 것은 그 사람의 상태가
나와 같기 때문이다. 즉 자신에 대한 연민을 상대에게 투사한 것
이다. 상담 중에 만난 P는 자기 주변에는 왜 그렇게 힘든 사람이

많은지 모르겠다며 하소연했다. 그러면서 그들의 은유적이며 모호한 이야기를 굳이 해석하려 했다. 헤어진 첫사랑 얘기며 가세가 기운 집안 얘기, 남모르게 아픈 난치병까지 주변의 힘든 사람들의 말을 예민하게 귀담아둔 것이다. 최근에 〈미스터 트롯〉에서 가수 류지광이 다시 불러 관심이 집중되기도 했던 가수 이장희의 노래 '나 그대에게 모두 드리리' 노랫말처럼.

나 그대에게 드릴 게 있네
오늘밤 문득 드릴 말 있네
나 그대에게 모두 드리리

노래를 부르다가 눈시울을 적시고, 영화나 드라마를 보면서 따라 울기도 하는 '카타르시스katharsis'가 나를 씻어내리며 위로해준다. 이런 경우 자신의 마음 돌봄이 우선적으로 필요하다. 카타르시스라고 해도 감정의 홍수에 떠내려가지 않을 만큼의 한계선이 필요하다. 부정적인 기운이 나를 순식간에 덮치면서 좋은 기운을 빼앗길 정도가 되지 않도록 적절히 제어선을 그어놓아야 한다.

예민해도 집착을
잘 다룰 수 있다

적당한 긴장감은 자기성장에 도움을 주지만,
의처증이나 의부증 같은 집착은 삶을 피폐하게 만든다.

M은 지금까지 다섯 번의 연애를 했다. 한 번을 빼고는 모두 6개월을 넘기지 못하고 끝이 났다.

의부증처럼 상대방이 어디에 있는지 끊임없이 추적하고, 전화와 메시지를 쉬지 않고 보냈다. 이에 남자는 견디지 못하고 이별통보를 해오곤 했다. 좀 괜찮다 싶은 남자를 만나면 결혼까지 가고 싶다는 집착 때문에 그가 무시할 때도 그냥 넘어간다. 그러다 결국엔 못 참고 상대를 다그치면 남자로부터 문자와 카톡을 '읽지도 않고 씹히는' 일을 당하는 등 난감한 상황이 반복되다가 끝내 이별하게 되는 것이다.

의심과 집착은 예민한 성격을 더욱 강화시킨다. 예민한 탓에 상대방이 불편함을 느끼고 먼저 거리를 두기도 하지만, 스스로가 긴장을 견디지 못하고 화를 먼저 폭발한다. 혹시나 편집증적 의심이나 집착이 염려된다면 다음 문항으로 자신을 체크해보자.

- 나는 남자친구가 자신을 무시하거나 함부로 대하는데도 계속 매달린다. (　　)
- 나는 남자친구를 의심해서 그의 하루 동선을 끊임없이 확인한다. (　　)
- 나는 남자친구 주변의 모든 여자들이 신경 쓰이고, 그가 바람을 피우는 것 같다. (　　)

예민한 사람들은 유난히 의심이 많고, 강박적으로 집착하는 경향을 보인다. 일종의 편집증적 성향이다. 마치 손을 씻고 또 씻어도 더러움을 못 참듯이 카페에서 애인이 다른 쪽을 쳐다봤는데 그곳에 우연히 여자가 앉아 있으면, 공연히 기분이 나빠지며 의심으로 발전하는 것이다.

"혹시 저 여자가 매력 있어서 쳐다보나?"

직장의 여직원과 업무상으로 메시지를 주고받아도 의심을
한다.

"일 핑계로 둘이 따로 만나는 거 아냐?"

의처증이든 의부증이든 경쟁대상이 나타났을 때는 증상이 더
욱 심해진다. 강박과 편집증적 성향을 가진 사람은 교묘하게 애
인의 외도 증거를 찾아내곤 하지만 실제는 아닌 경우가 태반이
다. 끊임없이 의심이 생겨 일상생활에 지장이 갈 정도니 상대방
은 물론 본인의 고통은 말할 것도 없다.

계속 의심을 하다 보니 상대방이 다른 사람을 보고 웃거나 메
시지만 주고받아도 성적 일탈을 상상한다. 본인의 의부증을 무조
건 남자친구 탓으로 돌리지만, 알고 보면 그런 증거를 입수함으
로써 애인뿐만 아니라 궁극엔 자기 스스로를 괴롭히는 셈이 되어
버린다.

바람피우는 남자,
의심하는 여자

"그 많은 여자 중에 왜 나 같은 사람을 좋아할까요? 남자친구가 바람피우는 것 같아요. 저보다 예쁜 여자겠죠?"

상담을 하다 보면 내담자로부터 이런 질문을 많이 받는다. 그러면 나는 이렇게 되묻는다.

"바람피우는 증거라도 있나요?"

이에 그녀들은 증거들을 갖다 대기 바쁘다. 그가 전화를 제때안 받고, 만나는 횟수가 점점 줄고, SNS에서 다른 여자들에게 친절하게 댓글을 달고, 나와 데이트할 때 전화를 나가서 받고 온다등등….

예민하다못해 의심, 질투가 점점 심해져서 집착적으로 그런 증거 찾기에 몰두한다면 마음과 몸은 갈수록 피폐해질 수밖에 없다. 집착기간이 1개월 이상 지속되면서 온 신경이 스마트폰 검사, 미행, 스케줄 감시 등으로 집중되어 증세가 심해진다면 '질투형망상장애'로 볼 수 있다.

일부 내담자들은 "남자친구가 잘생긴 것도 아니고, 사회적 지위나 경제능력, 집안, 뭐 그리 내세울 것이 없는데도 저는 왜 매달리고 끌려다닐까요?"라며 자신의 집착을 인정하기도 한다. 스스로 생각하기에도 집착 수준이라면 진지하게 고민해봐야 한다.

심한 질투는 대부분 어릴 때 사랑받지 못하고, 방임적인 부모 때문에 생긴 상처로부터 반사적으로 자신을 보호하기 위해 생긴다. 즉 사랑받지 못할 것이라는 내면의 불안과 의심을 끊임없이 남자친구 탓으로 돌리고 있는 것이다.

이러한 내담자들은 대부분 남자보다 괜찮은 학벌, 성취, 외모인데도 스스로를 초라하게 생각하며 자신에게 열등감을 부추기기도 한다. 어릴 때 아빠의 잦은 외도로 엄마가 고생한 것을 보고 자란 경우에도 집착이 생긴다. 이성을 만나는 상황에서 수시로 예민해지고 매우 초조해져서 자주 우왕좌왕하게 된다. 오랜 기간 연애를 했음에도 친구들에게 자신을 소개하지 않자 다른 여자와 결혼해버린 남자친구 일 때문에 뒤늦게 후회하고 속상해한다.

심한 경우에는 불안과 의심 때문에 처음에는 솔직하게 말해달라며 사정도 하고 화를 내다가, 나중에는 욕을 하기도 한다. 점점 폭력적으로 변해가는 자신이 무섭다며 제발로 찾아와 정신과 약을 처방받기도 한다.

애인에 대한 성적 통제권이 심해 의부증이라고 생각된다면 '오

033

셀로 증후군'을 의심해볼 수 있다. 이 증후군은 셰익스피어의 4대 비극 중 하나인 〈오셀로〉에서 유래된 것이다.

주인공인 오셀로는 부하 이아고로부터 아내가 불륜을 저질렀다는 거짓 보고를 받자 아내를 죽여버린다. 뒤늦게 사실이 아님을 알게 된 후 자결한다.

애인을 늘 옆에 붙들어두려 하고 친구를 만나거나 회사 사람들과 어울리는 것을 극심하게 통제하는 독점욕, 의존성으로 인해 자기 스스로 외부 세계와 단절하기도 한다.

예민한 성격이라도 집착을 잘 다룰 수 있다. 애인에게서 애착의 필요를 모두 채우려 한다면 분명 한계가 있다. 집착이 심해 점점 자신이 파괴적으로 변해간다면 집착을 끊어내야 하며, 자신의 소유욕의 근원을 냉철히 되돌아봐야 한다. 의심과 집착은 아직 정서적 유아상태에 머물러 있으면서 한편 내면의 무의식적 성적 일탈의 욕구에 대한 반작용일 수 있다.

상대방이 진짜로 바람을 피우고 있다면 헤어지면 되겠지만, 의존성은 헤어지지도 못하고 함께 있어도 늘 노심초사한다면 문제다. 그가 내 곁에 머무를지 말지는 오로지 그의 선택이며, 나는 혼자서도 스스로 행복할 수 있어야 한다.

"네, 저 그런 사람이에요.
그래서 뭐요?"

농담은 상대도 웃어야 농담인데 '사이다 화법'이라며
남에게 상처 주는 말을 툭툭 던지는 사람들이 있다.

"선배가 그렇게 잘나가고 대단했으면 이런 시궁창 같은 데는
안 왔겠죠."

D는 살사동호회에서 만난 선배가 한 번씩 농담으로 내뱉는 말
에 상처를 받는다. 왜 상대의 마음을 쿡 찌르는 말을 태연하게 웃
으면서 하는지 도무지 이해가 안 간다.

"너 계속 먹던데 뭘, 다이어트가 될 리 있겠니? 저녁 따로 먹

고, 간식 따로 먹고. 바로 잠든다며? 아휴, 뱃살 좀 봐. 팔뚝 살도. 그래도 다 이게 너를 위해서 하는 말이야."

위하는 척하는 선배가 얄밉고 속이 부글부글 끓어오른다. 겉으로는 애써 웃으며 "선배가 뭘 알겠어요? 아니에요"라고 하지만 속으로는 무지 속상하다.

물론 서로 가려운 곳을 긁어주는 농담은 동병상련의 유대감을 느끼게 하고, 친구 사이에서는 짓궂은 농담을 가볍게 받아치며 관계가 돈독해지기도 한다. 위트 있는 농담은 경직된 분위기를 편안하게 바꿔준다.

그러나 예민한 사람들은 자신을 귀찮게 하는 사람을 정말 싫어한다. 선을 훅 넘어오는 사람을 일단 멀리해도 어쩔 수 없는 상황이 수시로 생길 수밖에 없다. 주변 사람이 무심코 던진 농담이라도 절대 잊어버리지 않고 참고 있다가 보복할 기회를 엿보곤 한다. 그리고 남이 무심코 한 말들도 똑똑히 기억하며, 겉으로는 표현을 안 해도 자신을 향한 공격으로 받아들일 때가 많다. 상대방이 "다 너를 위해서야"라고 말하면, 예민한 사람들은 속으로 '흥, 다 거짓말이지….' 생각한다. 따지지 않고 넘어갔다가 어느 날 슬그머니 관계를 끊기도 한다. 만약 나보다도 더 예민한 친구가 옆에 있다면 나중에라도 물어보는 편이 좋다.

"그때 내가 실수한 것 같은데 마음 상하지 않았니?"

그러면 "괜찮아, 농담인 줄 다 알고 있었어"하고 씩 웃으며 그제야 마음이 조금이나마 풀리게 될 것이다. 어떤 경우든 농담이 상대방의 기분을 불쾌하게 했다면 나의 의도와 무관하게 잘못된 것임에는 틀림없다.

농담을 가장한 비난,
받아치거나 못 들은 척하거나

예민한 사람끼리는 서로 조심하니 싸울 일이 없다고들 생각한다. 하지만 실제로는 상처받지 않은 척 태연히 웃으면서 농담삼아 조롱과 무시를 주고받으며 관계를 아슬아슬 위태롭게 이어가는 사람들이 많다.

수많은 커플의 대화법을 연구한 심리학자 가트만John Gottman은 '헤어지는 커플'의 대화에는 다음과 같은 4가지 특성이 있다는 것을 찾아냈다. 농담처럼 하는 말 속에도 무시와 인격모독이 숨어 있다는 것이다.

- 비난 대화 : "안 봐도 뻔해. 네가 제대로 하는 게 있어?"

- 방어 대화 : "남 얘기하지 말고, 너나 잘해."

- 경멸 대화 : "넌 늘 게으르잖아"

- 담쌓기 대화 : "그만해. 안 들어, 안 들어!"

〈멜로가 체질〉

〈멜로가 체질JTBC, 2019〉이라는 드라마에서 주인공 손범수 PD안재홍는 작품을 거절당한 스타 작가가 자신에게 충고하자, "아, 안 들어. 안 들어. 충고 안 들어!" 하며 손으로 귀를 막고 두드리는 장면이 나온다. 이를 지켜보던 보조 작가천우희는 "와, 네가 이겼다. 모질이인데 나도 닮고 싶네"라고 말하는 장면이 나온다.

나이와 직급에 관계없이 예민한 사람들은 가끔 유치해지곤 한다. 극중에서 PD처럼 장난치듯 귀를 두드리는 행동은 '담쌓기' 대화의 전형적인 예다.

예민한 사람들은 '경멸'이나 '담쌓기'로 수동공격성 대화를 많이 하고, 그들 주변의 사람들은 극중 보조 작가처럼 "모질이"라며 농담으로 되받아치는 '비난'의 대화 방식으로 돌직구를 날리거나 '너나 잘하라'는 식의 '방어 대화'를 잘한다. 그러니 시청자들이 그런 장면을 통해 카타르시스를 느끼며 시원하고 재미있어 하는 것이다.

어떤 사람들은 자신의 욕구를 풀기 위해 농담을 하면서도 상대방을 전혀 신경 쓰지 않는다. 흔히 농담인 척 꼬집어 말하는 '언중유골', 술 마시고 실수인 척하는 '취중진담'은 수동공격적으로 자신의 감정이 표출된 예다. 평소의 서운함이나 화나는 감정을 에둘러 표현하거나, 농담의 형식으로 진짜 하고 싶은 속내를 전한다.

"넌 주변 분위기를 싸하게 만드는 재주가 있어."

그러면 예민한 사람들은 '하긴 내가 편한 사람은 아니지' 하고 쉽게 받아들이고 자책한다. 어떤 상황에서 적절히 대처할 자신은 없고, 별말 아닌데도 자꾸 신경 쓰인다면 스스로를 예민하다고 합리화하는 쪽이 편할 수도 있다. 그냥 나만 이상한 사람이 되면 그만이고, 괜스레 쫓아가서 꼬치꼬치 캐묻지 않아도 되고, 짐짓 아무짓도 하지 않으면 조용히 넘어갈 수도 있기 때문이다.

그런데 끝도 없이 자책하는 사람들 모두 타고난 성향이 예민하거나 성격이 이상한 것은 아니다. 너무 지나치게 조심하다 보니,

또 자신이 상처받는 게 싫듯이 타인도 상처받을까봐 전전긍긍하다 보니 생기는 문제이다. 그런 농담은 듣기에 불편하다고 솔직히 말해도 되고, 쿨하게 농담을 되받아치면서 썰렁한 개그로 끝나도 괜찮다.

물론 평소 안 해보던 것이라 처음에는 어색할 수 있다. 하지만 농담을 핑계 삼아 나에게 함부로 하는 사람에게 계속 괜찮은 척 웃어보일 필요는 없다. 농담을 가장한 비난은 과감히 무시해도 된다.

남의 말에 덜 상처받고 싶다면 농담이라도 일단 인정하는 것도 한 방법이다. 상대가 어떤 마음으로 말했건 비판은 나를 성장시키는 동력이 될 수 있다. 누구나 아킬레스건이 건드려지면 아프기 마련이다. 그러나 앞으로도 그 부분은 누군가에 의해 계속 건드려질 텐데 언제까지 도망만 다니겠는가.

"네, 저 그런 사람이에요. 그래서 뭐요?"

상대방이 머쓱해지도록 똑 부러지게 한마디하면 된다. 표정까지 담아 확실하게.

예민하고 민감하다면
정서적 홀로서기를 준비하자

예민한 사람들은 타인의 기분을 맞춰주기 위해
세모뿔 같은 날에도 억지로 모서리를 깎아 원으로 만든다.

불안과 두려움이 많고 자존감이 낮다고 겉으로 다 드러나는 것은 아니다. 심리학에서는 불안, 두려움, 슬픔 같은 감정을 1차 정서라고 한다. 분노는 2차 정서인데, 이유는 분노가 1차 정서로 인해 생기는 감정이기 때문이다.

불안과 분노를 '동전 양면'이라고 하는 이유이기도 하다. 평소 불안감이 높은 사람은 불안을 의식하지는 못해도 어떤 위험한 상황을 뇌가 인식하기 때문에 순간적으로 분노가 폭발하는 것이다.

L은 친해지면 상대방에게 아주 잘해주고 마음을 다 줘버린다.

그러다 보니 주변에서 자신을 호구로 보고 함부로 무시하는 것 같다. 주변 사람들이 "아니, 왜 갑자기 화를 내?" 하면 자못 억울하다.

L은 자라면서 언니와 일일이 비교당하는 게 무척 싫었는데도 엄마에게 잘 보이려고 늘 비위를 맞추고 눈치 보며 자랐다. 지금도 습관처럼 사람들에게 다 맞춰주다가 화가 쌓이면 전화를 안 받거나 카톡을 차단해버려 뒤끝 있다는 소리를 듣는다. 본인도 어느 시점에서 화를 내야 하는지 타이밍을 못 잡아 답답하고, 예민해지면서 화를 터뜨리는 자신이 무척 실망스럽다.

이런 사람들을 상담 장면에서 만나면, "웬만하면 그냥 내가 참고 말지 뭐…" 하다가 폭발하게 되는 것이 아닌지를 직면 한다. L 역시 그랬다. 엄마에게 정당하게 대우받지 못한 돌봄과 사랑을 친구나 가까워진 사람에게 모처럼 받게 되면, 그런 애정을 놓치기 싫어 계속 맞추고 참았던 것이다. 서운하거나 화가 날 때 바로 솔직하게 표현하면 좋으련만 내 뜻대로 잘 안 된다고 한다. 이런 경우, 어떤 상황에서 자신이 예민해지는지 미리 예상해보면 감정 조절이 좀 수월해진다.

L은 누군가와 비교당하거나 경쟁하는 상황을 못 견딘다고 했다. 절친이 잘 나가는 동창 이야기를 하면 일부러 나를 약 올리는 것 같고, 누군가와 비교당하는 게 비참하고, 빈정이 상해도 표현

을 주저하게 된다.

친한 사람, 좋아하는 사람의 눈치를 자꾸 보게 되니 생각할수록 뒤늦게 화가 나 일방적으로 연락을 끊는다. 수동공격의 방어기제가 발동한 것이다. 하지만 이럴 때 주변 사람들은 영문도 모르고 까였다고 여긴다. 그래서 결국 "뒤끝 있네. 피해의식 있는 거 아냐?" 같은 말을 듣게 된다.

L같은 유형의 사람들은 기분 나쁜 상황에서 인상을 좀 구겨도 괜찮고, 경우에 따라 적당히 무시해도 된다. 꾹 참다가 폭발하는 패턴이 반복되고, 싫은 소리를 들어도 제때 적절히 반응을 못하면 억울함이 계속 쌓일 수밖에 없다. 평소 마음이 몹시 상했는데도 괜찮다고 그냥 넘겨버리면 소중한 존재인 나를 존중하지 않은 결과로 이어진다.

정서적 인공호흡은
한두 번으로

'이제는 달라져야지, 하면서 굳게 결심했는데….' 하고 싶은 말을 하려고 하면 공연히 심장부터 두근거리고 혹시라도 상대가 싫어할까봐 지레 겁이 난다면, 자신을 위한 최소한의 인격적 대우를 내 안에 확보해야 한다. 억지로 웃으면서 괜히 맞장구까지 칠 필요는 없다. 내가 좋게 느낀 만큼만 허용하고, 싫은 것은 싫다고 분명히 표현해야 이후로 상대방도 조심하게 된다.

솔직함이 자기 가치를 떨어뜨리는 것도 아닌데, 마냥 참다 보면 무심한 말에도 매우 예민해진다. 상처받은 뇌, 즉 트라우마로 손상당한 뇌는 아주 작은 단서에도 공격할 태세를 갖추도록 편도체가 반응하기 때문이다.

자랄 때 부모님의 인정과 사랑이 부족했던 경우, 이제부터라도 누군가에게 보상받고 채우려 한다. 애정이 기대만큼 충족되지 않으면 적개심을 공격적 에너지로 전환해 분노를 표출하고야 만다.

분노조절이 안 되는 것은 과거에 보호받지 못함, 미움 또는 편애, 방임에 대한 불안이 자신 안에 깊이 내면화됐기 때문이다. 그래서 나보다 더 사랑받았던 형제를 질투하고 미워하며 경쟁 대상으로 삼고, 강박적으로 자신을 괴롭히며 끊임없이 뭔가에 집착하는 것이다.

정신분석학자 볼비 John Bowlby 는 이를 애착 attachment 으로 설명한다. 어릴 때 따뜻한 사랑의 경험이 부족했던 사람은 횅한 공허감으로 인해 끊임없이 결핍을 채우려한다. 하지만 이들은 아이러니하게도 차갑고 시크한 '회피유형'에게 이끌리게 된다. 그러고는 상대방의 비위를 맞추면서 눈치 보며 자신의 감정억압을 습관적으로 되풀이한다.

상대방의 기분을 계속 살피다 보면 긴장과 각성으로 몹시 예민해진다. 정서적인 절박함은 자신을 더욱 불안하게 만들고, 상대방마저 불편하게 해서 점점 거리를 두게 만든다. 본인의 절박함이 절절할수록 마음을 비우고 나를 지키는 선이 반드시 필요하다.

이처럼 나를 우선시하지 않고 내가 빠져버린 자아는 끊임없이 누군가에게 정서적으로 의존한다. 하지만 수치심이 가득 찬 사람을 진정 사랑해줄 사람은 그리 많지 않다. 이럴 때는 누군가에게 매달리기보다는 조용한 공간에서 혼자만의 시간을 통해 나를 단단하게 만드는 것이 필요하다.

책임지기 싫어서 거리를 두는 썸, 거절당할까봐 고백 못하는 썸, 이런저런 핑계거리만 찾는 남자는 가급적 멀리하자. 마음에 안 드는 내 모습도 나이고, 그런 나를 솔직하게 드러낼 수 있어야 내면이 단단해진다.

'뾰족한 나의 모습도 있는 그대로의 나임을 인정하는 것이다.'

항상 둥글둥글 맞춰주기만 하면 오히려 매력적이지 않다. 울퉁불퉁, 뾰족뾰족, 가끔은 예민해도 된다. 늘 상대에게 편한 대상이어야 하고, 상대는 저 하고 싶은 대로 하란 법은 없다. 관계란 상호작용이기에 비난하는 사람 따로, 무조건 수긍하는 사람 따로 있는 게 아니다.

예민해지는 날에는 나를 보호하는 장치를 미리 마련하는 게 좋다. 평소에 에너지를 주는 사람이고 분위기 메이커라도 예민한 날에는 모든 게 다 귀찮아진다. 이럴 땐 메시지 답변을 미뤄도 되고, 전화를 받지 않아도 괜찮다. 마음이 진정된 후 저녁 늦게 답을 해도 된다. 오늘 좀 바빴다고…. 나를 위한 마음의 진정이 필요했으니 바빴던 것은 사실이다.

누구든 각자 자기 일 잘하고 스스로를 챙길 줄 아는 사람을 좋아한다. 스스로 알아서 일을 잘하는 것만큼이나 정서적 홀로서기도 중요하다. 돈이 없으면 아르바이트를 하든지 뭔가 해결책이 있겠지만, 마음이 공허해서 쩔쩔매는 것은 생각보다 잘 고쳐지지 않는다. 외롭다고 통화시간이 마냥 길어지고, 누군가를 만나야만 해결된다면 상대의 스케줄과 기분을 맞추며 끌려다닐 수밖에 없기 마련이다.

사는 게 힘들 때 때로는 누군가에게 SOS를 보낼 수 있다. 이럴 땐 마음을 시원하게 해줄 산소 같은 친구가 필요하고, 마음속 깊이 묵은 이야기를 풀어놓을 대상이 곁에 있으면 더 좋다. 하지만 정서적 인공호흡만으로 계속 타인에게 의지해서 살아가는 것은 불가능하다. 이제는 스스로 숨 쉬는 법을 배워야 한다.

냄새 때문에 힘들다면
내면아이의 상처를 살펴보자

냄새 없는 세상은 없으며, 좋은 냄새와 나쁜 냄새도 없다.
나쁜 냄새에도 적응하는 노력이 필요하다.

요즘 자기 손과 몸에서 나는 냄새조차 못 견디는 예민한 사람들을 겨냥해서 무향, 무취의 로션이나 바디용품이 출시되고 있다. 이들은 일반 사람들보다 냄새에 아주 예민해서 씻기를 수차례 반복한다.

이 세상은 다양한 냄새로 가득 차 있다. 사냥을 하던 원시시대와 비교하면 오늘날 우리의 후각은 시각이나 청각에 비해 비교적 퇴화한 편이다. 하지만 후각은 시각이나 청각을 보완하며 행복한 옛 추억을 떠올리거나 위험인식을 돕는 역할을 하기 때문에 여전히 중요한 감각이다.

운동 후의 땀 냄새 같은 체취 때문에 몇 년씩 사귀고도 헤어지는 커플들이 있다. 향수를 뿌려도 소용없다. 냄새에 시각적 자극까지 더해지면 식당에서 물컵에 남은 옅은 립스틱 자국을 용케도 잡아내고, 옷의 보풀도 못 견뎌 하며, 향신료 냄새 때문에 평소 좋아하는 음식을 아예 못 먹기도 한다.

보편적으로 냄새는 '감각 처리 민감성Sensory-Processing Sensitivity, SPS'이 높은 사람을 감별하는 데 탁월한 기준이 된다. 심한 사람은 '환후'라고 해서 냄새자극제가 없는데도 특정 냄새가 나는 냄새 망상을 겪기도 한다. 호르몬 변화가 심한 사춘기 때 처음 경험했다고 호소하는 여자들도 있다.

민감성은 기질적 측면이 강해 생애 초기부터 성인기까지 안정적인 특성을 보인다. 예민한 사람들은 싫어하는 냄새뿐 아니라 사랑하는 사람의 체취, 갓 구운 빵 냄새처럼 좋은 냄새도 민감하게 잘 감지한다. 일반 사람들이 퀴퀴한 냄새나 방귀 냄새와 같이 나쁜 냄새에 더 잘 반응하는 것과는 다른 특성이다.

냄새의 민감성은 기호식품, 가족, 종교, 애착과도 연결된다. 술 냄새, 담배 냄새, 향수 냄새는 냄새 자체보다 누구의 향취인지와 어떤 상황에서의 향취인가에 따라 반응이 달라진다. 즉 냄새는 감정까지 연결되고, 나아가 금욕적 사고와 같은 가치관이 더해지기도 한다.

역사학자인 알랭 코르뱅Alain Corbin은 저서 『악취와 향기』에서 '18세기에는 짙은 화장이나 강한 냄새를 풍기는 향수의 사용은 금지되었다'고 이야기한다. 그 당시는 몸과 마음 자체가 자연스러운 매력과, 수줍음이 드러나는 은근한 아름다움을 강조하던 때였다. 여기에는 동물성의 위협을 누그러뜨리고 충동을 억압하려는 강한 의지가 작용하고 있으며, 여성이 지닌 욕망을 억압하려는 전략이기도 했다.

오드 퍼퓸부향율이 9~12%인 향수의 진한 향에 과민한 사람도 무취에 가까운 은은한 향을 접하면 향수 마니아가 되기도 한다. 냄새에 예민한 사람들은 남들이 못 느끼는 감수성이 살아있다. 이들은 소리에도 아주 민감한데, 오감이 보통 사람들보다 민감하게 발달되어 있다고 보면 된다. 촉각, 시각, 청각, 미각, 후각, 거기에 육감이 하나 더 있어 직관력도 남다르다. 주변의 돌아가는 상황인식이나 미래의 예견이 딱 들어맞기도 한다.

예민한 감각은 개인적 특성일 뿐 아니라 사회적인 인식도 한 몫 더한다. 영화 〈기생충〉에서의 눅눅한 서민의 냄새나 노인 특유의 냄새에 선입견이 있는 경우처럼.

냄새 강박 때문에
힘들어하는 사람들

E는 냄새 때문에 많이 힘들다. 남자친구를 만나면 데이트 장소의 퀴퀴한 냄새 때문에 중간에 집으로 돌아와버린 적이 여러 차례 있다. "왜 그리 예민하냐"며 짜증내는 남자친구가 야속하기만 할 뿐이다.

남들은 뭉친 근육을 풀기 위해 마사지 샵에 잘도 간다는데 E는 냄새에 민감해서 포기하게 된다. 건물 층계에 밴 미세한 담배 냄새, 허브오일 냄새, 침대 냄새, 후줄근한 마사지복까지 신경 쓰여 영 께름칙하다. 심지어는 남자친구가 스킨만 바꿔도, 머리를 하루만 안 감고 와도 계속 신경이 쓰여 다른 말이 잘 들리지 않을 정도다.

허구한 날 자신의 머리카락, 옷, 몸 냄새에 예민해서 씻기를 반복한다면 이 역시 성가신 일이다. 모처럼 고기를 먹으러 간다 해도 숯불 냄새가 옷에 배는 게 신경 쓰여 외식조차 몹쓸 고역이다. 그 때문에 가족들에게 한소리 듣고, 친구들에게 유별나다는 지적을 받으며, 애인과도 자주 다투게 된다.

갈등의 이유가 메뉴도, 가격도, 맛도 아닌 냄새 때문이었단 말인가? 놀랍게도 이처럼 냄새 때문에 직장 회식을 꺼리고, 노래방에라도 가는 날이면 기분이 최악이 되는 사람들이 의외로 많다.

명멸하는 네온사인 불빛, 소음, 비 오는 날의 아스팔트 냄새, 흙, 가로수, 바람 냄새조차도 예민한 사람들에게는 불안을 촉발하는 요인일 뿐이다. 전혀 감지조차 못하고 지나치는 보통 사람들과는 많이 다르다.

예민한 사람들을 인터뷰해보면 냄새 때문에 '숨이 가쁘고, 심장이 두근거리며, 속이 메스껍다'는 고충을 털어놓는다. 이들에게 냄새란 그냥 참아지는 것이 아닌 고통이고, 이들은 지하철, 버스 안의 환기가 안 된 상태, 환풍기 냄새에도 무척 예민하다.

하지만 냄새에 예민한 사람일지라도 북적이는 버스 칸에서 서로 몸을 부딪히며 만났던 첫사랑의 냄새는 그립도록 아련한 향취로 남아있다. 새 자가용을 구입해서 나는 화학성분 냄새도 내 전용차가 생겼다는 흥분에 기분 좋게 느껴지는 냄새다.

어떤 향기는 멀리까지 날아가고, 예상치 못한 곳에서 솔솔 피어난다. 사랑하는 이와 나란히 걸을 때 은근한 샴푸냄새가 싱그럽게 코끝을 간질이면 기분이 한층 업된다. 숲속의 피톤치드 향, 색 고운 향초, 달콤한 꽃향기, 갓 볶아낸 구수한 커피 향은 기억 속 장면에서 함께 했던 사람들과의 추억 속에 잠시 잠기게 한다.

후각수용체와 냄새 물질이 결합해 온갖 냄새를 맡는 것인데, 같은 냄새라도 사람마다 다르게 지각한다. 미국 필라델피아 모넬

051

화학지각센터Monell Chemical Senses Center는 같은 냄새라도 개인마다 다르게 해석한다고 밝혔다. 연구팀은 사람마다 제각기 완전히 다른 방식으로 냄새를 느끼는데, 이는 개개인의 냄새 수용체olfactory receptor가 약 30%나 다르기 때문이라고 설명한다.

냄새에 예민해서 고통스러울 수도 있지만 후각의 민감성을 살려 바리스타나 소믈리에, 향수감별사로 탁월함을 드러내기도 한다. 또한 과거에 축적된 기억들로 인해 쾌락과 혐오의 냄새가 결정되는데 이를 '냄새연상학습'이라고 한다.

하지만 결국 냄새도 차츰 익숙해진다. 밖에서 들어오면 집안의 음식 냄새며 강아지 냄새, 밀폐된 공간 특유의 냄새가 있어서 '환기시켜야지' 생각했다가도 마냥 잊고 있다 보면 어느덧 무취의 상태가 된다.

쥐스킨트Patrick Süskind의 소설 『향수』에서 주인공은 각 마을을 돌아다니며 최고의 향수를 제작한다. 그런 그가 얻은 최고의 향수는 바로 '사람의 체취'이다. 사람마다 가지고 있는 고유한 냄새들이 최고의 향으로 칭송받는다. 냄새도 '피하거나 덮어주거나'에 따라 전혀 다른 것이 된다.

예민하고 민감한 나,
더 이상 완벽할 필요가 없다

작은 실수에도 세상이 무너질 듯한 반응을 하며 자책하지만
지나고 나서 생각해보면 그저 그런 일일 때가 많다.

요란한 요즘 세상에서 조용하고 차분한 사람들은 눈에 잘 띄지 않는다. 이들은 예민해서 꼼꼼하고 그만큼 작은 실수도 스스로 용납하지 못하는 사람들이다. 대학 다닐 때 A학점을 받고도 A⁺가 아니어서 자책하고, 회사에 들어가서는 보고서에 오타 하나만 나와도 의기소침해진다. 실수에 대한 강박 때문에 예민해지는 것이다.

직장에만 가면 실수 강박으로 의기소침해지는 사람이 많다. 이런 사람들은 상처받지 않으려고 말 한마디, 걸음걸이 하나, 보고서 단어 하나까지도 조심하는데 그럴수록 더 실수를 하게 된다.

"제 강박은 어디서부터 오는 것일까요?"

예민한 사람들이 자주 질문하는 내용이다.

이런 상황이 오래 누적되면 타인의 지적에 약해지고, 함부로 대하면 안 되는 예민한 사람이라는 인식을 갖게끔 한다. 프레젠테이션이라도 있는 날이면 밤샘까지 하면서 누구보다 열심히 준비하고, 실수하지 않으려고 안간힘을 쓴다. 그래서 기대 이상의 성과도 내고 인정도 받지만 정작 자신은 별로 만족하지 못한다.

힘들어도 내색을 안 하니 다른 사람은 잘 모를 수밖에 없다. 묵묵히 자기 자리를 지키며 견뎌내는 것처럼 보여도 내면에 두려움, 불안, 공포 등 자신만의 고통을 안고 있다. 온갖 부정적인 시나리오로 자신을 괴롭히며, 남들이 늘어놓는 불평불만에 공연히 위축되고 초조해진다. 구설수에 오르는 것을 싫어해서 집 밖에 나가지 않고 숨기도 한다.

심하면 다 놓아버리고 싶어진다. 이렇게 어떤 상황으로 인해 문득 놓아버리고 싶은 순간이 오면 어떻게 대처해야 할까. 단지 놓아버리는 것으로 문제가 다 해결될까? 예를 들어 가출을 하거나 퇴사를 하거나 애인관계를 끝내버리면 속시원하게 해결될까? 그럴 수만 있다면 과감히 실행하면 된다. 하지만 우리의 상식과 경험은 '시작은 가볍게 해도 쉽사리 끝내면 안 된다'는 일반론을 말하기 때문에 막상 끝을 내려면 마음부터 불편해진다.

그래서 참아보지만 나아가지도 못하고 살얼음판 밟듯 매우 조심스럽다. 신중함과 조심성은 어디에도 적용된다. 생각, 말, 대인 관계에 도사리고 있는 두려움, 불안, 공포는 우리가 앞으로 나아가는 것을 막는다. 꼭 나아갈 필요가 없다면 모르겠지만 일단 나아가고 싶다면 버려야 할 부정적인 감정들이다.

강박적 꼼꼼함으로 매사에 조심하는데 왜 실수를 거듭하는 것일까? 아이러니하게도 잘하려고 하면 할수록 뇌에 과부하가 걸려 더더욱 실수하게 되는 것이다.

사람들에게 호감을 주는 것은
'실수 효과'이다

연봉이 오르고, 새 옷을 사고, 심성이 괜찮고 유쾌한 사람이 옆에 있는데도 자주 얼굴이 찡그려지는 것은 왠지 자기 스스로가 탐탁지 않아서다. 한치의 오차나 실수 없이 완벽하게 성취를 이뤄내야만 남들에게 인정받는 것은 아니다. 가끔은 가벼운 유머, 따스한 차 한 잔의 여유, 기분 좋은 미소가 우리 존재를 살아나게 한다.

우리는 무심결에 소중한 사람에게 '존재의 수치심'을 심어주고, '성취가 곧 자아'인 것으로 착각하게 길들여졌다. 평가에 민감한 사람들은 뇌의 강박과 불안의 감정이 시상부위에서 전대상피질에 전달되어 활성화된다.

상담 장면에서 만난 20, 30대들은 주된 고민이 '일에 대한 완벽성' 때문이라고 말을 한다. 하지만 돌아보면 타인의 인정이나 평가로 인한 '자신에 대한 완벽성'이었음을 시인하게 된다.

실수할까 두려워 시작조차 못하는 일들이 우리에게 얼마나 많은가. 얕은 지식이 탄로날까 두려워 글로 옮기지 못하며, 깊이 빠질까봐 연애도 시도하지 못한다. 그저 시작하면 될 단순한 일도 완벽하지 않으면 망설이는 경우가 많다.

영화 〈지니어스Genius, 2017〉는 20세기 영미문학의 대표 작가 토

〈지니어스〉

마스 울프쭈드로에 대한 이야기다. 울프의 감성은 최고의 편집자 맥스 퍼킨스콜린 퍼스를 만나 극대화되고, 울프는 위대한 작가로 탄생한다. 무명 작가였던 울프는 잘 쓰려고 하는 것도, 완벽하게 하려는 것도 아닌, 찌질하고 모자라도 상관없다는 듯 미친 듯이 원고를 써나간다. 많은 분

량을 줄이고 줄이는 것은 완벽주의 편집자 퍼킨스의 몫이다.

자신이 '할 수 있을 만큼' '아는 만큼'에서 시작하는 것이 완벽주의에서 벗어나는 첫걸음이다. 만약 이 영화 속 편집자와 작가의 성격이 뒤바뀌었다면 천재 작가의 발굴도, 좋은 원고도 없었을 것이다.

'완벽은 마무리할 때 하는 것이지, 시작할 때 하는 것이 아니다.'

'평가강박'은 1등을 하지 않으면 안 된다는 '수치강박'으로 이어져 사람을 무기력하고 냉혹해지게 만들 수 있다. 현대사회의 '빨리빨리' 조급증은 온 사회에 만연해있다. 함께 달려가는 사람의 목덜미를 잡고 도움을 요청해도 거들떠보지 않는 사회가 우리의 민낯이다.

서열화의 강박은 대학을 졸업하고 직장인이 되어서도 연결된다. 사회에서는 돈이나 성과로 인한 경쟁심이 적개심을 키우며, 이는 불신으로 이어진다. 자신 안의 많은 잠재력을 괜한 경쟁의식 때문에 억울하게 잃어버릴 수는 없지 않은가?

편도체와 전대상피질의 연결이 약한 사람은 실수할까봐 두렵고 예민해져서 일을 자꾸 미루게 된다. 전대상피질은 잠재력을 개발해 창의적인 사고를 수행하는 데 도움을 주는 것으로 알려져 있다. 작은 칭찬도 적극 받아들이면 전대상피질이 위축되지 않고 제 기능을 발휘한다.

헬스클럽에서 PT를 받던 W에게 코치가 한마디한다.

"가늘고 긴 잔 근육이 제법 생겼어요."

그땐 기분 좋게 받아들이면 된다.

"정말요? 그 말 들으니 힘이 나요!"

예민해서 잘 깨고
민감해서 악몽을 꾼다면?

꿈이 내게 알려주는 이야기를 수용하며
내 안의 상처를 치유하자. 악몽을 두려워하지 말자.

상담실에 와서 악몽을 꿨는데 해석해달라는 20대들이 종종 있다.
그럴 때 이렇게 되물으면 효과가 있다.

"꿈에서 느껴지는 감정은 무엇인가요?"

기분이 좋은지 혹은 나쁜지, 왜 그런 꿈을 지금 시점에서 꿨는
지를 묻다 보면 대부분 꿈이 자신에게 뭔가 전하고 싶은 이야기
가 있다는 것을 어렴풋이 깨닫게 된다. 이것은 '꿈 해몽사전'에서

단어 몇 개 갖고 해석하는 것과는 다르다.

'악몽의 대부분은 가까운 사람들과 관련이 있으며, 여성의 악몽은 주로 쫓기거나 각종 위협을 당하는 것, 배우자의 죽음, 자연재해, 원하지 않는 임신, 초자연적 악몽'이라고 한다(『꿈과 대화하다』, 생각의 날개, 한상연 역, 2011). 관계에서의 상실, 버림받음, 학대의 경험과 같이 자신도 모르게 억압되어 온 두려움, 불안, 분노의 감정이 어느 날 꿈으로 생생히 재현되는 것이다.

〈유전〉

영화 〈유전 Hereditary, 2018〉은 오컬트 영화로 과학적으로 설명할 수 없는 초자연적 현상인 악령이 나오는 공포영화다. 주인공 애니토니 콜렛는 엄마의 죽음 이후 유령의 존재를 느끼며 몽유병 증세를 보인다. 가족들이 하나씩 악령의 희생물이 되는 과정에서 끔찍한 광경들이 현실과 분간되지 않고 연이어 발생하며, 예상치 못한 결말에 관객들을 놀라게 한다.

다른 공포영화와 달리 이 영화는 가족의 상실, 슬픔 등을 둘러싸고 이야기가 전개된다. 영화는 초자연적 현상으로 단순히 설명하지만, 심리적인 측면에서 보자면 가족 내의 극심한 트라우마가 누군가를 희생양으로 만드는데, 그 시점에서 악몽이 나타난다고 볼 수 있다.

꿈이 많다는 것은 걱정과 생각이 많다는 것이며, 내 안의 불안이 잠자는 사이에 올라올까봐 스스로를 각성시켜 잠을 깊이 못 자게 하는 것이다. 불면증을 호소하는 많은 여자들 중에 예민증으로 고생하는 사람들이 많다. 심리전문가들은 예민 증상의 발병이나 호전을 알아볼 때 '수면의 질'을 확인한다.

악몽 때문에 숙면을 못 취하는 것은 문제지만, 꿈은 마음 깊이 숨겨진 고통을 알려주는 또 다른 기능을 한다. 즉 꿈은 각자의 무의식의 감정이나 생각을 정리하게 해주고, 부정적인 '인지도식'을 긍정적으로 바꿔준다. 꿈을 통해 과거의 두려움이나 공포가 비현실적이라는 것을 자각하고 나면 그로부터 놓여날 수 있다.

061

반복되는 꿈은
정서적으로 해결해야 할 내용이다

실제로 상담을 하다 보면 과거의 트라우마가 고스란히 꿈에 나타나 고통받는 사람들이 있다. P는 서른이 넘었는데도 어릴 때 꿈을 반복해서 꾼다. 뭔가 불안한 일이 있을 때, 하는 일이 잘 안 될 때, 공포감이 밀려올 때마다 악몽을 꾼다.

P의 어린 시절로 돌아가 살펴보면, 부모가 장사를 하느라 겨우 초등학생이었던 P에게 동생을 맡기고 밤늦게 들어오거나 일주일에 하루 이틀은 새벽녘에 들어오기도 했다. 밤마다 몹시 무서웠지만 부모에게 일체 티를 내지 않고 억지로 참았다.

P는 지금도 꿈을 꾸면 단단히 잠갔던 유리 창문이 다시 열리고, 때로는 누군가 침입해 들어온 듯해서 무섭다. 가끔 어릴 때 살았던 그 집 그대로 나와서 공포에 떨기도 한다. 지금은 전혀 그런 상황이 아닌데도 두려움에 사로잡힐 때면 꿈과 현실이 잘 구분되지 않는다. 이런 침입적인 꿈은 피해의식과 관련이 많으며 보호와 안전의 욕구를 드러낸다.

"다 지나간 일이야, 지금은 안전해."

그런 꿈이 반복되면 현실로 돌아오도록 스스로를 진정시켜줘야 한다. 아무리 노력해도 혼자 힘으로 불안감이 쉽게 사라지지 않는다면 전문가의 도움이 필요하다. 꿈속의 상황이 실제 있었던 일인가를 확인하는 것보다도 꿈에서 깨어난 직후에 느껴지는 감정이 더 중요하다. 뇌는 사실보다 그런 상황에서 느꼈던 감정을 기억하기 때문이다.

『꿈과 대화하다』의 저자인 제니퍼 파커Jennifer Parker 박사는 '꿈이 마음속에 쌓인 감정을 처리하는 과정'임을 뇌과학자들의 실험을 통해 입증되었음을 다시 확인했다. 단층엑스선 촬영PET으로 REM 수면기의 뇌를 촬영하면 편도핵 복합체가 활성화되는데, 이는 우리의 꿈이 마음속 깊은 곳에 쌓인 감정을 처리하는 현상임을 말해준다.

항상 행복한 척하며 지워지지 않는 상처 자국을 숨기려고만 한다면 고통은 사라지지 않는다. 그렇다고 '관종관심 종자'으로 오해받을까봐 아무데서나 내 상처를 드러내기도 어렵다. 마음을 풀어놓을 안전한 대상을 신중하게 찾으면서, 부정적 감정들을 조금씩 풀어놓아 위험 순위를 조절하는 것이 필요하다.

꿈 전체의 스토리텔링을 따라가다 보면 마음의 응어리가 보인다. 꿈은 현실과 욕망의 괴리를 메워주는 징검다리 역할을 하기 때문이다.

꿈은 내가 원하는 것, 내가 필요한 것들을 영상화하여 보여준다. 꿈은 어느 날엔 현실감 있게 보여주다가도 소위 '개꿈'처럼 말도 안 되는 모습으로 나타나기도 한다.

꿈에 반복적으로 나타나는 주제는 정서적으로 해결해야 할 이슈임을 알려주는 메시지다. 그러니 악몽을 두려워하기보다는 꿈이 내게 알려주는 이야기를 수용하며 내 안의 상처를 치유해나가

063

야 한다. 속내를 털어놓을 수 있는 편안한 사람을 만나 과거 애착 대상의 부재로 인한 결핍감을 늦게나마 채울 수 있다면 치유에 도움이 된다.

'꿈은 당신이 원하는 바로 그것'이다. 나에게 부족한 게 무엇인지, 내가 원하는 게 무엇인지 한 번쯤 꿈과 연관지어서 진지하게 고민해볼 필요가 있다.

예민하고 민감하다면
미니멀리스트로 살아보자

앞으로 '빼기의 철학'이 요구되는 시대가 올 것이다.
행복은 욕망으로 꽉 채워진 포만상태에서 오지 않는다.

지하철을 타면 대부분의 사람들이 스마트폰에 코를 박고 있다. 업무 관련 메일을 스마트폰으로 보내고 인스타나 페이스북, 단톡방, 게임, 시사나 유튜브, 카툰, e-book을 보는 독서족도 많다. SNS라는 소통의 공간, 터치 기능까지 우리는 누군가와 연결되어 있음을 끊임없이 확인하고자 한다.

오늘날 애착물의 대표적인 물건은 바로 스마트폰이다. 잠깐만 스마트폰을 손에서 내려놓아도 불안할 정도로 정서적 의존상태의 사람들이 증가하면서 '스마트폰 디톡스'를 외치고 있다. 스마트폰은 시각, 청각에 터치 기능이 급속히 진화해서 머지않아 냄새를 맡고, 혀로 맛보는 스마트폰이 나올지도 모른다는 상상을 해본다.

엄마의 자궁에서 떨어져 나온 이래 열 달 동안 탯줄로 공급받던 엄마의 냄새, 영양분, 기분 좋은 느낌은 파충류 단계에서의 본능과 같은 것이다. 이처럼 떼려야 뗄 수 없는 정서적 갈구는 온몸으로 감각되기를 원한다.

이혜미 시인의 시집 『뜻밖의 바닐라문학과 지성사, 2016』의 '시인의 말'이 인상적이다. 시인은 '관계가 깊어지는 결정적 순간에는 언제나 액체의 교환이 있다. 글자들이 헤엄치는 어항을 들고 2인칭의 세계로 들어선다.'라고 표현하고 있다.

여기에서 '액체의 교환'이란, "누군가와 차나 술을 마시는 것, 손을 잡는 기운, 운동을 하며 나누는 땀을 일컫는다"는 시인의 부연설명을 본 기억이 있다. 그렇게 교감하는 관계들이 점차 사라지고 있는 시대를 우리는 살아가고 있다.

어릴 때 눈에 티가 들어가면 엄마가 혓바닥으로 눈 부위를 핥으며 기어이 티를 빼내주었다. 배가 아프면 "엄마 손은 약손"이라며 배를 정성스레 쓰다듬어주었다. 심지어 아기에게 무른 음식을 먹이려고 밥알이나 딱딱한 것을 꼭꼭 씹어 먹여주는 할머니들도 있었다. 혹여 바이러스에 감염이라도 될까 젊은 엄마들은 기겁을 했지만, 그래도 그 시절에는 정서적 고갈이나 마음의 병이 요즘처럼 많지 않았던 것 같다.

SNS 안에서 누군지도 모르는 막연한 사람들에게 댓글을 달며 나름 친근함을 표현하지만, 그럼에도 결코 채울 수 없는 깊은 공허감이 있다. 이혜미 시인이 노래했듯 서로의 살을 쓰다듬고 액체를 교환하는 관계에 선을 긋기 시작하면서부터 현대인들의 정서도 메말라버린 것은 아닐까. 모임마다 단톡방을 일일이 꾸려 많은 지인들과 수시로 메시지를 주고받아도 우주 멀리 외딴 행성에 나 홀로 떨어져 있는 듯 시린 느낌을 가지는 것은 디지털시대의 슬픈 잉여물이다.

067

이제부터 미니멀리스트로
살아보자

리처드 막스Richard Marx의 노래 〈Right Here Waiting〉의 가사를 보면 떠나간 연인을 향한 마음이 절절하다.

Oceans apart day after day And I slowly go insane
하루하루 멀어져가고, 난 조금씩 미쳐가요

I hear your voice on the line But it doesn't stop the pain

전화기 너머 당신의 목소리를 듣지만, 괴로움은 멈추질 않네요

If I see you next to never How can we say forever

당신과 이제는 볼 수 없다면 우리는 어떻게 영원이라 말을 할

수 있을까요

(가사 번역: 유하라)

당신이 영원하지 않을까 두렵고, 서로 내치거나 집착을 반복하
는 동안 우리의 마음에는 바람 구멍이 숭숭 뚫린다. '사랑은 느껴
져야만 하고, 서로에게 길들여진 관계는 영원해야 한다'는 기대
가 얼마나 무모한 것이던가.

세상사에 영원히 변하지 않는 것은 없으며, 완벽한 것 또한 없
다. 과도한 기대치와 욕망은 스스로를 외롭게 만든다. 이것은 단
지 연인들 사이에서만이 아니라 어느 누구와의 관계에서도 마찬
가지다.

'미니멀리스트minimalist'라는 신조어가 있다. 되도록 소수의 단순
함을 통해 최대 효과를 이루려는 사고방식을 지칭하는 단어인데,
마음에도 '미니멀리즘minimalism'이 필요하다.

회사 사람들과 북적이는 술자리에서 목청 높여 수다를 떨었으
며, 애인과의 통화는 길어졌고, 만나는 횟수가 늘었는데도 내 안

의 공허감은 여전하다고들 한다. 아무리 더하기를 계속해도 끝나지 않으며, 외려 더할수록 갈증은 심해진다.

앞으로 '빼기의 철학'이 요구되는 시대가 올 것이다. 조금은 부족해서 편안하고, 가볍게 실수도 하는 가운데 소소한 행복이 가능하다. 일상의 행복은 욕망으로 꽉 채워진 포만 상태에서 오지 않는다.

예민하고
민감한 사람들을
유형별로 나눠보자

예민하고 민감한 사람들은 거절감에 위축되지만 공감력이 뛰어
나고, 자극에 민감하며 창의적이다. 때로는 강박적으로 집착하지
만 이는 완전함에 대한 추구이며, 세상을 무서운 곳이라 회피하는 듯
보이지만 알고 보면 평화주의자들이다. 그동안 '진실한 나' 찾기를 간절
히 원했지만 여전히 찾지 못했다면 지금이라도 늦지 않았다. 한번 예민유
형, 민감유형의 4가지 특징과 진단유형을 통해 나를 객관적으로 파악해보자.
그리고 각 유형에 맞는 해결점을 찾아 행동으로 옮겨보자. 이제 나만의 은신처
를 떠나 타인과 어울리며 세상을 헤쳐 나가보자.

예민·민감 유형 척도로
내 유형을 파악하자

내 속에는 '자랑스러운 예민'도 있고 '행복한 예민'도 있다.
숨어 있는 '내 속의 나, 낯선 자신'을 만나러 가보자.

지금까지 자신이 예민한 사람인지조차 모르고 힘겨움과 혼란을
거듭해왔다면 한 번쯤 자신을 객관화할 필요가 있다. 까닭도 모
른 채 힘들었던 수많은 이유가 예민한 성향 때문임을 뒤늦게 알
아차리고 나서 안심하는 여성들이 많다. 이처럼 예민함으로 인한
혼란과 답답함은 자신에 대한 통찰만으로도 제법 편안해진다.

자주 감정기복 때문에 힘들고 별 까닭 없이 긴장과 피로감으로
잠을 설치며, 누구보다 열심히 살면서도 자책이 심해 고통스럽다
면 당신은 예민하고 민감한 사람일 가능성이 크다. 스스로도 예

2장 예민하고 민감한 사람들을 유형별로 나눠보자

측하지 못한 당황스러운 행동을 하기도 하고, 자신의 계획과 기대가 예상했던 만큼 채워지지 않을 때 절망도 했을 것이다.

때로 예민함은 일을 꼼꼼하게 처리하거나, 세심함으로 주변 사람을 돌보는 데 원동력이 된다. 하지만 예민한 사람들은 별것 아닌 일에도 버럭 화를 내며 '~해야 한다'는 당위성과 규범에 일찍이 얽매여 있는 경우가 많다. 나름 '바람직함'에 대한 이유들을 제시하지만, 실상은 자신의 불안을 해결하기 위한 방어기제인 경우가 대부분이다. 게다가 예민한 자신의 성격을 싫어할수록 더욱 완고해지는 경향이 있다. 그것이 자신뿐 아니라 주변 사람들까지 힘들게 하는 요인이다.

그런데 자신의 예민한 성격을 솔직하게 인정하는 순간, 지금까지 엄격한 잣대로 자신과 타인을 향했던 날카로움이 한결 누그러진다는 사실이다.

"맞아요. 제가 좀 예민하긴 해요."

이렇게 실토를 한 후 수줍은 미소를 보이기도 한다. 한 번 수긍하는 게 어렵지만 한치도 물러서지 않을 듯한 태세와 높은 긴장감에서 놓여나는 모습을 보면 스스로도 대견해한다. 물론 예민한 상태로 다시 돌아가려는 탄성의 법칙이 있기는 하다.

내가 예민한 사람인지 알려면 '평소에 나는 어떠했는지' 생각해보면 좋다. 예민함은 '긴장된 표정, 격양된 목소리, 단호한 말'에서 찾을 수 있다. 말로 표현을 하지 않고 부드러운 표정을 지으려 애쓰지만, 속으로 이런 생각을 하며 앞사람을 노려보기도 한다.

'당신의 아주 작은 실수나 빈틈도 절대 용납하지 않을 거예요!'
'나 역시 절대 실수하지 않을 테니까요!'

이들이 어느 누구보다 책임감이 강하고, 실수를 거의 하지 않으며, 완벽에 가깝다는 것은 사실이다. 완벽한 회사원, 완벽한 애인, 완벽한 딸임에는 틀림없다. 하지만 '예민하다'는 강점인 동시에 치명적인 단점이 도사리고 있다는 점도 간과해서는 안 된다. 출렁이는 감정의 격랑으로 자신의 감정을 파도치게 하고, 충분히 삼키고도 남을 만한 풍랑과 파도로 주변 사람을 위협하기도 한다.

예민한 사람 한 명으로 인해 분위기가 썰렁해지는 것은 기본이고, 예민함은 커플 간의 갈등 이유가 되며 회사에서 따돌림의 대상이 되기도 한다. 그런데 이는 '예민함은 나쁜 것이다!'라는 사회적 편견과 스스로의 부정적인 평가가 만든 결과라는 사실을 한

번이라도 의심해본 적이 있는가?

　알고 보면 '예민함'은 나쁜 것도 아니고 단점도 아니다. 조금 불편한 것은 사실이지만 잘 다루기만 한다면 아주 다른 새로운 모습으로 우리에게 다가올 수 있다.

　'자신 속 예민함을 없애려고 애쓰지 말 것!'
　'예민한 행동을 이상하다고 판단하지 말 것!'
　'예민해지는 나름의 이유를 발견할 것!'

　이처럼 예민함을 소중히 다뤄간다면, 예민함은 단점이 아니라 치명적인 매력이 될 수 있다.

'예민함'은 나쁜 것도 아니고 단점도 아니다

　예민함을 감추기 위해 애쓰고 완벽성으로 포장하려 할 때 문제가 생긴다. 빈틈이나 허술함이 결핍은 아니며, 누구도 매사에 완벽할 수는 없음에도 완벽주의로 가게 된다. 강박적인 두려움 때문에 자신을 꽁꽁 숨겨두고 시작도 못하고 지나쳐버리기도 한다.

예민한 자신을 제대로 알아보지도 않고 멀리했던 지난 날들이 너무 아깝지 않은가?

이제라도 완벽성이라는 틀을 깨고 진정 원하는 자신을 만나보자. 조금 허술한 채로 약간의 빈틈 있는 사람이 되어보고, 안 해본 것도 시도해보는 것이다. 누구보다 놀고 싶다면서, 자유롭게 살 거라면서 강박적으로 과도한 업무량을 스스로 떠맡고 있다면, 무엇에 대한 두려움인지 살펴봐야 한다. 무언가를 향해 쉬지 않고 달려가고 있다면, 잠시 심호흡하며 일단 멈추어야 한다.

완벽하게 살려는 것은 결국 행복해지려고 하는 행동이지만, 그러면 그럴수록 삶은 반대로 흘러간다. 실수와 자책을 반복하게 되고, 완벽이 거의 이루어지려는 순간에 어떤 사건이 터져 망쳐버리기도 한다.

궁극적으로 이 세상을 완벽하게 통제하는 것은 불가능하다는 점을 기억하자. 행복을 추구하는 것과 행복한 것은 다르듯, 완벽주의로 간다고 해서 완벽해지는 것은 아니다.

예민함이 고개를 들 때는 이런 주문을 외쳐보자.

'좀 못해도 돼. 아주 망하는 것은 없어!'
'이 정도로 충분해. 추억은 남았잖아!'

일이든 관계든 가능한 범위가 있으며, 한계는 늘 있기 마련이다. 어떤 경우에도 나 자신보다 중요한 일은 없으며, 나보다 더 중요한 타인도 있을 수 없다.

예민함의 고통에서 벗어나는 길은 '나를 제대로 아는 것'에서 시작한다. 자주 극도로 예민해지는 것은 인정받고 싶어서, 혹은 받아들여지지 않는 것에 대한 두려움 때문은 아닌지 살펴볼 필요가 있다.

내 속에는 '자랑스러운 예민'도 있고, '행복한 예민'도 있다. 만나보면 놓아주고 싶지 않은 '사랑스러운 예민'도 있다. 숨어 있는 '내 속의 나, 낯선 자신!'을 만나러 가보자.

예민하고 민감한 여성들을 인터뷰하거나 상담하면서 느꼈던 것은 여성들 대부분이 '자신의 예민한 성향'을 몰라서 영문도 모르고 힘들어했다는 점이다. 그동안 의식하지는 못했지만 예민한 자신을 알게 되면서 자신을 미워하며 밀어냈던 시간들을 후회하고, 울기도 하는 것을 자주 지켜보았다.

그녀들을 만나면서 나온 내용과 결과를 토대로 '예민·민감도 체크리스트'를 만들었다. 그 결과 예민함도 각각 다른 형태로 나타난다는 사실을 알았고, 이에 핵심이 되는 4가지 유형으로 도출해냈다. 4가지 유형을 ① 거절위축-공감형, ② 자극민감-창조형, ③ 강박집착-완벽형, ④ 적대회피-평화형으로 명명했다.

예민·민감도 체크리스트

문항	내용	전혀 그렇지 않다	그렇지 않다	보통 이다	그렇 다	매우 그렇 다
1	가족이나 주변 사람의 기분에 영향을 잘 받고 눈치를 보며, 거절을 두려워한다.	1	2	3	4	5
2	타인의 마음을 잘 공감하며, 불편해 보이면 바로 알고 해결해주려고 한다.	1	2	3	4	5
3	새로운 사람을 만나거나 예기치 않은 상황에 위축된다.	1	2	3	4	5
4	주변의 소음, 빛, 냄새 때문에 집중을 못한다.	1	2	3	4	5
5	음악, 그림 감상 등 풍부한 감성으로 예술을 즐기며, 후각, 시각, 미각, 옷의 촉감과 같은 감각을 잘 느낀다.	1	2	3	4	5
6	자극에 민감해서 긴장을 잘하며 쉽게 피로를 느껴 잠을 설칠 때가 많다.	1	2	3	4	5
7	높은 기준의 계획을 세우고 달성하지 못하면 안달이 나며, 강박적으로 채우려 한다.	1	2	3	4	5
8	법규를 지키려 하며, 양심과 도덕 기준이 높은 편이다.	1	2	3	4	5
9	실수를 두려워하고 매사에 철저하며 결과가 완벽하지 않으면 시작을 못한다.	1	2	3	4	5
10	갈등 상황을 싫어해서 될 수 있으면 양보하며, 혼자 있는 게 편하다.	1	2	3	4	5
11	생각이 많고 내면세계가 깊고 풍부하다.	1	2	3	4	5
12	블록버스터나 폭력적인 것보다는 차분하고 편안한 장르의 영화, TV 프로그램이 더 좋다.	1	2	3	4	5

자신이 힘든 것이 예민함 때문인지 확인하고 싶다면 예민·민감도 체크리스트를 꼭 실시해보기 바란다. 예민·민감도 체크리스트 중에 높은 점수 유형 1, 2순위를 매겨보면, 자신이 특히 어느 부분에 예민한지 알게 될 것이다. 이후로 취약한 부분은 조금씩 바꾸어보고, 강점이 되는 부분은 자원으로 활용할 수 있을 것이다.

나의 '예민·민감도'는 어느 정도이고, 나를 가장 힘들게 하는 '예민·민감 유형'은 무엇인지 체크리스트에 표시해보자.

'전혀 그렇지 않다(1)~매우 그렇다(5)' 중에서 해당되는 곳에 'ㅇ'표를 하세요.

※ 'ㅇ' 표시한 문항의 점수를 모두 더한 후, 문항 수(12)로 나누면 '예민·민감도'의 평균점수가 나온다. 점수가 높을수록 '예민·민감도 점수'가 높음을 의미한다. 4개의 유형 중 어느 점수가 가장 높은지, 나를 예민하게 만드는 가장 큰 요인이 무엇인지 알아보자.

① 거절위축 - 공감형(1, 2, 3)

다른 사람의 기분이나 감정을 잘 살피며 공감력이 뛰어나다. 하지만 비난이나 거절을 두려워하며, 새로운 사람을 만나거나 예기치 않은 상황에 스트레스를 받는다.

② 자극민감 – 창조형(4, 5, 6)

소음이나 빛과 같은 외부자극에 민감하여 쉽게 지치며, 수면의 질이 좋지 않아 자주 피곤해한다. 하지만 예민한 오감과 풍부한 감성으로 예술을 다채롭게 즐긴다.

③ 강박집착 – 완벽형(7, 8, 9)

높은 기준으로 완벽성을 추구하며, 규칙에 철저하며 양심적이다. 실수에 대한 두려움 때문에 시작을 편히 시도하지 못한다.

④ 적대회피 – 평화형(10, 11, 12)

갈등을 싫어해서 다투지 않으려 하며 양보하는 편이다. 조용히 혼자 생각을 정리하는 시간을 즐기며, 영화나 TV를 볼 때도 블록버스터나 폭력적인 것보다는 조용하고 편안한 것을 좋아한다.

'거절위축 – 공감형'
: 새로운 변신의 계기

이 유형은 주변 사람의 안색을 늘 살피고 눈치를 자주 본다.
예민하고 민감한 사람들 중에 이 유형이 가장 많다.

'나'라는 자신보다는 '너'라는 타인에 맞추어야 한다는 강박관념
을 가진 사람들이 우리 사회에 많다. 이런 성향은 사회를 지탱하
는 힘이 되기도 하지만, 개인적으로는 상대방의 기분이나 상황을
잘 알아차리는 장점이 오히려 자기 자신을 힘들게 하는 이유가
되기도 한다.

이 유형은 항상 타인의 기분을 맞추고 눈치를 살피는 탓에 그
사람이 무엇 때문에 불편해하는지, 자리 배석도 직감적으로 누가
어디에 앉아야 하는지 바로 안다. 평소에는 사람들 앞에 잘 나서

지 않는 편이지만 남을 돕는 일에는 그다지 망설임이 없다. 상대방의 불편을 해소해주기 위해서라면 자신이 얼마든지 양보할 수 있다.

이들은 자기가 맡고 싶은 일, 주장하고 싶은 상황이 발생해도 일단 상대방에게 양보해준다. 그러면서 상대방의 기분을 살핌과 동시에 다른 사람들이 나를 줏대 없는 사람으로 보는 것은 아닐까 내심 고민한다. 그리고 양보할 때 진심이라는 것을 알리기 위해 상대를 향해 미소를 지으며 친절한 표정을 유지한다.

소개팅에 나가서도 매너를 잘 지키며, 상대방을 배려해서 너무 비싼 것은 주문하지 않는다. 가격을 신경 쓰지 말고 맛있는 걸 고르라고 해도 자신이 먹고 싶은 것보다는 상대방의 주머니부터 고려한다. 이들은 친구를 만나고 집으로 돌아오면 자신이 한 말을 하나하나 되짚어보며 작은 한마디에 위로받거나 상처받는 자신을 반추한다.

이 유형의 사람들은 새로운 사람을 만날 때 수줍어하고 조심스러워한다. 처음 가보는 낯선 장소도 조심스러워하고, 심지어 사람들까지 많으면 매우 불편해한다. 특히 직장 오리엔테이션oT을 처음 가면 정말 힘들어한다. 배가 많이 고파도 허겁지겁 먹지 않고, 간식을 먹을 때도 사람이 별로 없는 구석자리에서 조용히 혼자 먹는다. 아무도 지켜보지 않는데도 지레 타인을 의식한다. 노래방에라도 가게 되면 어서 끝나고 집에 가기만을 바라며 계속 스마트폰만 들여다본다.

『줄무늬가 생겼어요』

동화 『줄무늬가 생겼어요데이빗 섀논, 조세현 역, 2006, 비룡소』의 주인공 카밀라는 다른 사람들이 자기를 어떻게 생각하는지 늘 신경 쓰는 아이다. 그래서 자신이 좋아하는 아욱 콩도 친구들이 싫어하니까 먹지 않고, 학교 갈 때 옷을 고르는 것도 너무 오래 걸린다. 자신이 좋아하는 것을 먹지 않는 카밀라는 결국 줄무늬병에 걸린다. 다른 사람을 신경 쓰느라 내가 원하는 것을 숨기고 표현하지 못하다가 끝내 자신을 잃어버리게 된다.

내가 이 유형이라면 안 입어본 옷도 과감히 시도해보고, 식당에서 눈길도 주지 않았던 메뉴를 용기 내어 먹어볼 필요가 있다. 뚱뚱하니까 가로줄무늬 옷만 입어야 한다든가, 무채색 옷만 입어야 한다는 규칙을 무조건 따라가다 보면 경직된 틀로 자신을 속박하게 된다. 같은 식당, 같은 메뉴만 선택하고 있다면 의식적으로 노력해야 새로운 나를 만날 수 있다.

사랑도 마찬가지다. 예상 가능한 사람만 만나면 안정감은 줄지 몰라도 다양한 인생의 멋과 재미가 없다.

민감한 사람들은 낯선 장소에 있거나, 예기치 못한 상황이 발생하면 스트레스지수가 급격히 높아진다. 밤에 애인이 술 마시다가 "친구들이 네가 궁금하대. 잠깐 나올래?" 하고 전화를 하면 버럭 짜증이 난다.

이런 경우, 보통의 사람들은 나갈 수 없는 이유를 대충 둘러대거나 다음에 보자고 말하면서 여유 있게 전화를 끊는다. 하지만 예민한 이들은 자신도 모르게 무척 화가 난다. 이런 일이 반복되면 이 남자를 계속 만나야 하는지 고민되기 시작한다.

예민한 이들은 민감해서 직감적으로 다른 사람이 불편해하는 것을 느끼면 다 맞춰주면서도 자신이 좋아하는 것은 뒤로 미룬다. 때로는 한 사람에게 집착하며 강박증적 사랑을 하거나, 썸만 타는 사랑을 몇 년씩 지속하기도 한다. 이들에게 거절이란 위험한 것이고, 새로운 사람을 만나면 내가 받아들여질지 아닐지 촉각을 곤두세운다.

따라서 의도적으로 '1년에 1명씩 새로운 친구 만들기'와 같은 목표를 세워보는 것도 좋다. 타인들에게 좋은 사람이 되고 싶다는 이유로 자신의 예민함을 계속 숨기다 보면 진짜 내 모습은 어느덧 사라지고 만다.

이제부터는 다른 사람 신경쓰는 것의 절반이라도 자신에게 신경쓰자. 그리고 나를 좋아해주는 사람만이 아니라 나쁜 피드백을 줄 수 있는 사람도 만나자. 그래야 나 자신의 변신과 성장이 가능하다.

solution

1. 우선순위에서 내가 밀리지 않도록 하라. 다른 사람의 마음만큼 내 마음도 소중하며, 나와 가장 잘 공감할 수 있는 사람은 바로 자신이다.

2. 때로는 얼굴에 철판을 깔아보자. 가끔은 상대가 "괜찮다"고 하면 진짜 괜찮다고 나를 믿자.

3. 때로는 눈치 보지 말고 내가 좋아하는 음료를 시키는 등 소소한 것이라도 자신이 좋아하는 것을 당당하게 선택하자.

'자극민감 – 창조형'
: 나만의 작은 우산을 만들자

이 유형은 자신이 아주 작은 자극에 민감한 것을 알고 있다.
이들은 카페의 스피커를 피해 자리를 몇 번씩 옮긴다.

홍대에 나가 길거리 공연을 보며 즐거워하다가도 어깨와 몸을 스치고 지나가는 사람들 때문에 불쾌하다는 호소를 많이 하는데, 이 유형의 예민한 사람들의 공통된 특징이다. 그래서 주말에 집에서 좀 쉬려고 하지만 그것도 맘대로 되지 않는다. 이웃집 세탁기 돌아가는 소리며 쿵쿵대는 층간소음에 예민해진다.

이때는 집에서 스트레스 받지 말고 책 한 권 들고 동네 카페에라도 나가자. 에어컨 바람에 아이스 아메리카노 한 잔 마시면서 땀과 마음의 열기를 식히자. 피하면 피할수록 자극은 커지고, 조심해도 새로운 자극에 에너지를 쉽게 빼앗기기 때문이다.

긴장이 지속되다 보면 일상의 소소한 즐거움을 놓친다. 낮의 긴장이 밤까지 연결되어 잠잘 때 자기도 모르게 손을 꽉 쥐어 손바닥에 손톱자국이 생기기도 한다. 혈액순환이 안 돼서 손이 붓고 힘줄이 불거지는 것도 높은 긴장감 때문인 경우가 많다.

예민한 사람들에겐 일상의 모든 것이 자극이다. 비가 보슬보슬 오는 날 우산을 가져가도 편히 쓰지 못한다. 우산이 젖으면 나중에 말릴 것이 걱정되기 때문이다. 책갈피가 접혀 있어도, 책모서리에 때가 묻는 것도 신경 쓰인다. 예민한 사람들은 자연의 변화도 계절따라 곧바로 알아차리며, 사람들의 체취, 향수, 불빛, 복작거리는 주말의 카페, 술집의 소음이 크게 거슬린다. 쉴 새 없이 목청을 돋우는 사람들 틈에서도 음악의 비트를 정확히 알아듣는다.

『아저씨 우산』

동화 『아저씨 우산 사노 요코, 2002, 비룡소』의 주인공 아저씨는 언제나 검은 코트에 검은 모자를 갖추고, 검정 우산을 들고 집을 나선다. 바람 부는 날에도 비가 내릴 때에도 우산이 젖을까, 망가질까 쓰지 못한다. 그러던 어느 날 비 오는 거리로 나가본다. 빗방울 소리가 노랫가락처럼 귓

가에 경쾌하게 울려 퍼진다.

이런 예민함을 기술로 연결해 창의성을 발휘하는 사람들도 있다. 최근에는 온갖 소음과 뒤섞인 음원들을 구별해 고유의 특성을 추적해서 곡명을 정확히 찾아내는 음악모니터링 엔진을 개발하는 업체들이 늘어나고 있다. <u>영화 음향도 세상의 모든 소음을 아름답게 승화시킨 것인데, 예민한 사람들의 타고난 창조적인 청각 능력에서 나온 것이라 생각된다.</u>

그런 민감함이 풍부한 감성과 창의성으로 발현된다면 자신은 물론 주변 사람들의 삶을 한층 풍요롭게 할 수 있다. 예민한 사람들 중에는 미식가들도 많아서 미슐랭 식당은 물론 상수동 골목의 카페까지 온갖 맛집을 꿰차고 있다.

이 유형의 사람들은 세련된 감각으로 베스트 드레서가 되기도 하고, 감각이 남달라 독특한 멋을 자아낸다. 주변에 감각이 꽝인 친구들로부터 "애, 너와 다니다 보니 나도 덩달아 촌티 벗고 여신이 된 것 같다"는 기분 좋은 말을 듣기도 한다.

한편 외부 자극에 민감해서 '날씨가 우중충해서, 추워서, 더워서…' 이유들을 대며 집 밖으로 나가지 않는 행동을 고집하기도 한다. 그러나 우리는 살면서 수많은 자극을 만날 수밖에 없고, 때로는 자극이 나를 보호해주는 우산이 될 수도 있다는 점을 기억해야 한다. 긍정적인 자극은 위험으로부터 보호해주고, 아름다운

089

감성으로 되살아날 수도 있는 것이다. 자극이 불편하고 두려워 아직 해보지 못한 일이 있다면 나만의 작은 우산을 활짝 펴보자.

우리가 기꺼이 인정해야 할 것은 '자극이 없는 세상이란 없다'는 것이다! 따라서 각자 어느 정도는 예민해진 감각을 달래며 진정시키며 살아야 한다. 기분 나쁜 자극에 이렇게 말해보자. 스스로에게 힘차게 말해주며 불안을 낮추는 노력이 필요하다.

"까짓거, 이 정도는 견딜 수 있어."

 solution

1. 소음을 정말 감당하기 힘든 날을 위해 작은 귀마개를 준비하는 센스! 체취, 땀 냄새가 불편하다면 핸드백에 마스크를 준비하자.

2. 자극이 견디기 힘든 상황을 대비해 산책할 장소를 미리 확보하자. 복식호흡법을 익히고, 명상노트에 자극이 올 때의 감정을 다스릴 수 있는 좋은 글귀나 기분을 꾸준히 기록하면 자극을 잘 다스리게 될 것이다.

3. 친구와 함께 가는 여행을 시도해보자. 대신 잠잘 때 소등, 샤워 물소리 등 예민해질 수 있는 것에 양해를 구하고 최소한의 자극을 배려함이 필요하다. 만약 2박 3일의 여행이 부담된다면 하루 정도는 각자 따로 행선지를 정해서 자유롭게 여행한 후 다시 합류하는 것도 방법이다.

4. 때론 자신의 예민함을 솔직하게 드러내는 것도 좋다. 단, 드러낼 때에는 '나는 이런 사람이니 너는 나에게 맞춰야 한다'가 아닌 '나는 예민한 사람이니 이런 행동을 했을 때 오해하지 말아달라'는 메시지로 부탁한다.

'강박집착 – 완벽형'
: 적당히 쉬어야 행운도 찾아온다

비록 내 성에 차지는 않더라도 멈추는 습관과
완벽하게 준비하지 못했어도 무언가 시도하는 용기를 가지자.

강박은 예민한 사람들에게서 흔히 보이는 특성이다. 집에서도 여간해서는 쉬지 않으며, 심지어 하루에 3~4시간 자면서도 힘든 걸 몰라 자신도 모르게 건강을 잃기도 한다.

일이나 운동을 할 때 높은 기준으로 꼼꼼히 계획을 세우고, 목표를 달성하지 못해 오차라도 생기면 자책하며 힘들어한다. 그들은 '실수하느니 차라리 시도를 하지 않는 게 낫다'고 생각한다. 시도를 늦추다 때론 게으르고 나약해보이기도 한다.

꿈과 현실의 차이가 많을수록 당연히 괴리감도 크다. 아직 꿈을 찾지 못해서 공부에 집중할 수 없다는 대학생들을 만나면, "결과가 두려워서 그러는 것은 아니냐?"는 말과 직면하게 한다. 그러면 그들은 행동할 자신이 없어 꿈만 좇아가는 것 같다며 어색한 미소를 짓기도 한다.

'이래 가지고 되겠어?' 자신이 없어도 지금의 자리에서 차근차근 시작하면 된다. 규칙과 스케줄이 잘못됐다면 주저하지 말고 바꿀 수 있는 용기도 필요하다.

동화 『하지만 하지만 할머니 사노요코, 엄혜숙 역, 2017, 상상스쿨』를 살펴보자. 동화 속 작은 집에서 고양이와 할머니가 살고 있다. 날마다 고기를 잡으러 나가는 고양이와 달리, 할머니는 '내 나이에 고기를 잡는 건 어울리지 않는다'라는 기준을 세우고 집에서 나가지 않는다. 그러던 어느 날 할머니의 99세 생일에 고양이의 실수로 양초가 5자루밖에 남지 않았다. 할 수 없이 '양초 5개를 꽂고, 5세의 생일을 맞이한다'는 따뜻한 내용이다.

스물에 어울리는 목표와 서른에 알맞은 행복이 따로 있는 게 아니다. 내게 양초가 5개밖에 없다면 그것에서부터 시작하면 된다. 굳이 다른 사람이 갖고 있는 것을 부러워할 필요가 없다.

내게 있는 작은 것에 만족이 안 되면 끊임없는 강박을 갖게 되고, 한 사람으로는 왠지 불안해 다자연애를 겸하기도 한다. 일이 잘못되거나 실수가 두려워 안전장치를 만들어놓지만 늘 불안하다. 실수할 때마다 '나는 왜 이렇게 부족하고 덤벙대지?'라며 자책하고, 절망의 수렁에서 허우적대며 헤어나오지 못하는 것도 일종의 강박이다. 하지만 어떻게 결심하느냐에 따라 실수는 다음 변화의 기회가 되기도 한다.

대학을 휴학하고 몇 년째 행정고시만 보는 H에게 "앞으로 몇 차례 더 행정고시를 볼 건가요?"라는 구체적인 질문을 했다. 일종의 직면이다. 그러자 "포기해도 두어 번은 더 보고나서 할 거예요!"라고 대답했다. 그 다음에는 복학을 하고 9급, 7급 시험도 도전해보겠다는 말에 신뢰가 갔다.

결과가 좋고 나쁨보다 꿈과 목표를 향해 나아가는 과정에서 자신을 믿고 기다려주는 것이 바람직하다. 내가 나를 가장 잘 이해하기 때문이다.

민감한 사람들은 스스로에게 아주 철저하다. 신호등, 무단횡단과 같은 범법행위를 가급적 하지 않고, 도덕기준이 높아 법규를 모범적으로 준수하는 편이다. 또한 신중하고 양심적이어서 남에게 민폐 끼치는 것을 정말 싫어한다. 섬세하지만 사회변혁을 위해서 강한 주장이나 글로 정의 실현에 이바지하기도 한다. 이데올로기를 강조하는 종교지도자나 저술가들도 제법 있다. 이처럼 예민한 이들의 공통점은 도덕적 기준이 매우 높다는 점이다.

"남을 시키느니 내가 하지 뭐!" 이렇게 말하면서 많은 일을 떠맡다가 그만 지치기도 한다. 그렇기 때문에 생각을 자주 환기시켜 완벽주의를 지양하고, 때로는 다른 사람과 일을 분담하고, 필요하면 망설이지 말고 도움을 요청하는 자세가 필요하다.

기준을 낮추는 것이 이 유형의 가장 큰 난제다. "제발 적당히 좀 쉬면서 하세요"라고 말하는 주변 사람들의 진심어린 충고를 귀담아 들어야 한다. 내 성에 차지 않더라도 멈추는 습관과 완벽하게 준비하지 못했어도 무언가 시도해보는 용기를 가져보자. 적당히 쉬면서 해야 예상치 못한 행운도 찾아온다.

solution

1. 현실적으로 감당할 수 있을 만큼의 일, 운동의 계획세우기가 무엇보다 중요하다. 아이디어와 천부적으로 높은 직관력이 이상을 향해 달리지만, 그만큼 주변 사람을 힘들게 할 수도 있다는 것을 인식해야 한다.

2. 수입을 창출하는 직업과 나의 재능을 발휘할 수 있는 것이 함께 가면 가장 이상적이다. 그것이 여의치 않을 때는 빨리 현실을 직시하고 창구를 분리하는 것이 좋다.

3. 주저하지 말고 머릿속에 떠오른 생각이나 친구들의 권유를 듣고 행동하는 용기를 갖자. 오랫동안 생각만 하다가 시기를 놓쳐버릴 수 있다. 꼭 건설적인 일이 아니어도 좋다. 거창한 목표 대신 소소하지만 꾸준히 할 수 있는 목표부터 잡아본다.

'적대회피 – 평화형'
: 문을 여는 데도 연습이 필요하다

'적대회피 – 평화형'들은 타인과 갈등상황에 빠지는 것에는
별 흥미가 없지만 '자신탐구'는 타고난 사람들이다.

이 유형은 내면세계가 깊고 넓어서 혼자서도 싫증 내지 않고 자기 삶을 잘 꾸려간다. 누군가 시비를 걸지만 않으면 혼자 잘 해나가는 사람들이다.

세상은 적극적이고 공격적인 태세의 사람들로 가득한데 예민한 사람들은 그런 환경이 두렵다. 오늘날과 같은 경쟁사회에서는 소극적으로 숨어 있으면 뒤처지고 도태된다는 인식이 널리 보편화되어 있다. 그러나 예민한 사람들은 남들보다 생각이 좀 더 많고 민감할 뿐이지 그들 나름의 살아가는 방식을 터득하고 있다.

오늘날 타인과 거리를 두고 혼자 있기를 좋아하는 사람들이 증가하고 있는데, 단순하게 남과 벽을 쌓고 사는 '스크루지 증후군'을 생각해서는 안 된다. 의외로 직장에서 업무 관계에 있는 사람들과 친밀히 섞이지 않아도 내 일만 잘하면 된다면서 자발적인 소외를 선택하는 사람들도 많다. 하지만 겉보기에 화려하지만 불쑥 외로움이 느껴진다면, 흑백의 단조로운 삶에 다양한 컬러를 입히고 싶다면 다르게 살아보는 것도 좋다.

『색깔손님』

동화 『색깔손님 안트예 담, 유혜자 역, 2015, 한울림어린이』의 주인공 엘리제 할머니는 혼자 사는 것이 좋다. 겁이 많아서 사람을 두려워하고 심지어 나무도 무서워한다. 그래서 할머니는 종일 집안에서만 지낸다. 어느 날 창문으로 종이비행기가 날아들면서 누군가 엘리제 할머니의 집 창문을 두드린다. 할머니는 문을 열어주지 않기로 결심하지만 계속 문을 두드리는 바람에 어쩔 수 없이 문을 열어준다. 방문객은 작은 남자아이였다. 아이는 "책을 읽어달라, 함께 놀자"고 할머니를 조른다. 어렵게 문을 열어준 할머니의 흑백 집은 아이가 지나간 자리마다 알록달록 다양한 색으로 물든다.

나름 어떤 계기가 있었겠지만 타인을 불편함을 주는 존재로만 지각한다면 살아가는 게 힘들다. 보편적으로 사람에 대한 결벽증은 상처 받을까봐 두렵기 때문에 나타나게 된다. 예민한 사람들은 자신의 취향이나 스타일에 대해 누군가 지적하거나 부정적인 반응을 보이면 신경을 많이 쓴다. 그래서 되도록 혼자서 하는 일을 선호하고 취미활동, 쇼핑, 극장에 갈 때도 혼자가 편하다.

뭐든 혼자 하는 게 익숙해져서 어쩌다 친구와 함께 극장에라도 가려고 하면 코드가 맞지 않는다는 둥, 옆에 앉아 있는 네가 자꾸 신경 쓰인다는 둥 핑계를 대며 함께 가는 것을 포기한다. 장르 또한 폭력적이거나 블록버스터와 같은 것은 불편해하고, 차분하고 분위기 있는 영화를 좋아한다. "나는 예술영화가 제일 싫더라." 누군가 그런 말을 하면 '그 사람과는 앞으로 함께 영화 보지 말아야지' 마음먹는다.

그래도 예민함을 참고 한 번쯤 불편함을 감수해보는 것은 어떨까. 취향이 달라도 이번에는 내가 좋아하는 멜로나 드라마 장르 한 편, 다음에는 상대가 좋아하는 액션이나 갱 영화를 보자고 제안하는 것이다. 이런 제안에 동의할 사람이면 된다.

워낙 자극에 민감해서 관람석이 요동치는 4D가 피곤하다며 2D영화만 보는 사람 중에는 4D영화가 마치 고문을 당하는 것 같아 싫다고 한다. 만약 옆에서 스마트폰 불빛이 새어나오고, 소곤

대는 소리 때문에 화가 극에 달하면 '한 번만 더 하기만 해봐라!' 당장 소리 지를 태세다. 이렇게 힘들 때는 억지로 참지 말고 솔직하게 말해도 된다.

민감한 사람들은 살아가면서 잠깐이라도 '나만의 조용한 방'이 필요하다. 그러나 가끔은 나와 다른 사람들의 현실적인 조언도 귀담아 듣자. 간혹 나보다 덜 민감한 사람들이 나를 불편하게 할 수도 있다. 그러나 그들이 꼭 나를 무시하려고, 혹은 내게 시비를 걸려고 그러는 것은 결코 아니다. 누군가 두드리는 노크에 마음의 문을 기꺼이 열어주자.

solution

1. 혼자 영화를 보러 가도 되고, 나만이 좋아하는 운동을 선택할 수 있다. 혼자 있는 시간이 필요함을 당당하게 말하고, 함께 있을 때 불편하고 힘든 감정이 들 때는 상대에게 솔직하게 이야기해보자.

2. 나의 사생활을 존중하고 인정해주는 사람과 연애하고 결혼하라. 단, '일주일에 한 번' 혹은 '한 달에 한 번' 나만의 시간을 가질 수 있도록 배려와 협상이 필요하다.

3. 갈등상황을 피하기만 하지 말고 바람직한 의사소통을 위한 '메타커뮤니케이션'을 활용하라. "요즘 우리 대화가 좀 뜸했지요?" "어투가 공격적으로 들리는데, 저한테 혹시 불만이 있나요?" 이런 식으로 관계에서의 문제를 곧바로 푸는 것이 현명하다.

4. 자신의 통찰력과 직감만 믿다가 현실감각이 뒤처지지 않게 주의해야 한다. 주변에 현실적인 감각이 있는 사람과 가끔 밥도 먹고 차도 마시며 세상 돌아가는 것을 널리 경험하고, 현실감각을 꾸준히 키워보자.

3장

예민하고 민감한
사람들에게 전하는
응원의 메시지

예민하고 민감한 사람들은 자신도 모르게 남들과 반대로 하는 경향을 나타낸다. 마음은 외로운데 관계에서는 짐짓 거리를 둔다. 민감한 사람들은 내향적인 사람들이 대부분이지만 간혹 사회가 요구하는 '외향적'이라는 가면을 쓰고 겉으로는 활발한 척 타인을 즐겁게 해주기도 한다. 예민하고 빈틈없고 냉정하지만 속은 따뜻하며 여리다. 이들이 세상을 떠보기 전에 나를 먼저 열어 보이고, 거절감으로 인한 자신 속의 아픔을 제대로 볼 수만 있다면 맑은 샘물처럼 투명한 자신을 곧 만날 수 있을 것이다. 타인의 사소한 말 한마디를 마음속에 쌓아두거나 곱씹지 말고 가급적 나를 열어 보여주자. 그동안 예민함이 싫어 가면을 쓰고 살았다면 이제는 예민한 껍질 속의 부드러운 나를 제대로 만나보자.

그렇게 외향적이지 않아도
괜찮다

그들은 겉으로는 활발해 보이고 타인을 즐겁게 해주지만,
그들의 속내는 엄청난 부담과 압박감으로 힘들어한다.

드라마 〈이태원 클라쓰JTBC, 2020〉의
주인공 박새로이박서준는 포차 '단밤'
의 사장이다. 새로이는 과묵하지만
비리에 강단 있게 맞서며, 외부의
공격과 난관에도 요동하지 않는다.
그렇다면 시청자들이 보는 것처럼
조금의 흔들림도 없었을까? 그는
정말 강인한 사람인 걸까?

〈이태원 클라쓰〉

아무리 힘들어도 '소신 있게' 살라는, 억울하게 죽은 아버지의 마지막 말씀을 되뇌며, 역경 속에서 흔들릴 때마다 그의 선택은 언제나 사람이 우선이었다.

박새로이는 한국의 전통적인 가족주의적 남성상을 잘 보여 준다. 고등학교를 자퇴할 때도, 사업을 하며 직원을 채용할 때도, 악의 세력에 절대 항거하던 그가 불의의 표본인 재벌가 '장가'의 사장 앞에 무릎을 꿇은 것은 오로지 애인을 구하기 위해서였다.

이 드라마의 주인공 새로이처럼 겉으로는 씩씩하고 강인해보여도, 그 누구보다 예민하고 섬세한 성향의 사람들이 많다. 그들은 주변 사람들을 늘 세심하게 챙기고, 상대가 마음 다치지 않도록 언제나 신경 쓴다.

물론 이 드라마에서도 주인공은 수줍음이 많고 비사회적인 인물로 복선을 깔고 있다. 밝고 도전적이고 외향적으로 보이는 사람도 새로이처럼 가슴속 깊이 슬픔과 분노를 숨긴 채 살아가는 것이다. 이를 '스마일 마스크 증후군smile mask syndrome'이라고 한다. 겉으로 사람들에게 늘 좋은 모습만 보이려다 보면 나타나게 되는 증상이다.

연예인이나 크게 성공해서 화려한 직책을 가진 사람들 중에는 공황장애에 노출되는 사례가 많다. 실제로 몇몇 사람들이 수년간 공황장애를 겪으며 약을 복용해왔던 사실이 뒤늦게 대중들에게 알려지기도 했다.

'사람이 우선되는 것은 좋은 가치라도, 자신이 배제되면 안 된다.'

자기 자신은 죽을 정도로 힘든데도 다른 사람을 먼저 챙기고 배려하느라 강한 척 자부하며 그냥 넘기지 않기를 바란다. 왜냐하면 사회적 자아나 역할은 외향적이지만 개인의 성향은 몹시 예민한 사람일 수 있기 때문이다.

어쩌면 사람들의 기대에 맞추느라 자신이 그토록 예민하다는 사실조차 모르고 살아왔을지도 모른다. 평소 친구도 많고 무난히 잘 지내는 것 같은데도 허전하고 외로웠다면 바로 이런 예민성 때문일 것이다.

그렇다면 이제부터라도 자신의 예민함을 스스로 알아주고 자신을 자주 칭찬해주어야 한다. 낯선 장소에 가야 하거나, 많은 사람들 앞에서 행하는 프레젠테이션이 많이 부담된다면 주최측에 한두 번 양해를 구해 다른 사람을 보내는 것도 좋다.

소그룹이나 편한 사람들과 일할 수 있는 환경이 이들에게는 중요하다. 상담하다 보면 직장인들 중에서는 돈은 조금 적게 벌어도 좋으니 신경을 덜 쓰고 일하고 싶다고 호소하는 이들이 있다.

Y 역시 그랬다. 성격이 활달하고 분위기메이커인 그녀는 아이들을 좋아해 유치원 교사가 되었지만, 아이들 때문에 점점 지쳐간다는 것이다. 온종일 아이들을 만나는 직업인데, 사람과 부딪히지 않는 직장은 없냐고 묻다가 자신도 실소를 하고 만다. 그래서 사무직으로 이직할까, 공무원으로 전향할까, 차라리 아르바이트라도 하며 마음 편하게 살까, 많은 고민을 했지만 아직 해답을 찾지 못했다.

평소 밝고 쾌활한 모습으로 근무하던 사람이 어느 날 갑작스럽게 퇴사한다는 소식을 접하면 주변에서는 모두들 고개를 갸웃거린다. 비교적 근무환경에 잘 적응하고 능력도 꽤 있는데, 도대체 무엇 때문에 그러냐는 것이다. 하지만 본인은 책임 맡은 일이 갈수록 버겁고 동료들과도 편치가 않았던 것이다 .

Y는 인정받는 교사가 되기 위해 야근까지 무리하면서 교재교구 개발을 하며 최선을 다했지만, 요즘 들어 부쩍 의욕이 줄어들면서 이젠 자신을 완전히 잃어버린 것만 같다. 만약 Y와 비슷한 상황이라면 회사가 내게 요구를 한 것이 아닌데도 인정받고자 스스로 무리하는 것이 아닌지 냉정하게 살펴봐야 한다.

외향성에 대한
강박

일반적으로 쾌활하고 친구를 잘 사귀는 사람은 예민하지 않을 것이라는 선입견이 있다. 중요한 사안에 대한 판단도 민첩하고, 성격이 시원시원한데도 유독 어느 부분에서만 예민하게 반응하면 주변인들이 모두 의아해한다.

분석심리학자인 융Carl Jung은 리비도libido가 바깥으로 향하는 외향적Extra인 사람과 안으로 향하는 내향적Intra인 사람이 있다고 했다. 누구나 외향성과 내향성 두 가지 속성을 다 가지고 있는데, 본인이 더 편한 쪽이 있다는 것이다.

혼자 사색하고 고민하면서 자기 내면에 집중할 때 마음에 안정을 갖는 내향적인 사람이 있고, 밖에 나가 사람들과의 관계 속에서 에너지를 주고받아야 힘이 솟아나는 외향적인 사람이 있다.

이때 내향, 외향이 사교성을 판별하는 기준은 아니다. 에너지의 방향성에 따라 내향적인 사람처럼 한두 사람과 깊이 오래 관계를 맺느냐, 외향적인 사람처럼 피상적으로 많은 사람을 널리 사귀는 것을 좋아하느냐의 차이로 나타날 뿐이다. 내향성과 외향성이 민감한 성격을 예측하는 데 어느 정도 도움이 될 수는 있지만, 여기에도 예외가 있다.

보통 친해지는 데 시간이 많이 걸리고, 소수와 깊게 만나는 것을 좋아하는 내향적인 사람들이 더 예민할 거라는 선입견이 있다. 반응이 더디고 신중해서 오해받는 것이기도 하다. 마찬가지로 외향적인 사람은 처음 만난 사람과도 곧바로 친해지고, 반응도 즉각 하는 편이라 민감하지 않을 것이라는 선입견 또는 편견이 있다.

요즘 사회는 성향에 관계없이 싹싹하고 외향적인 사람, 나서기 싫어도 적극적으로 행동하는 사람을 선호한다. 특히 고도의 스펙을 요구하는 경쟁구도 사회에서 외향성은 사회초년생들에게 큰 덕목이 되고, 심지어 연애에서도 첫인상이 밝고 반응이 재빠를수록 좋은 인상으로 남는다.

그러다 보니 섬세하고 예민한 성격인데도 외향적으로 비춰지는 사람들이 증가하고 있다. 사회에서 다양한 사람을 만날 수밖에 없고, 예민할수록 요구하는 상황에 따라 변하기 쉬운 특성이 있기 때문이다. 실제로 상담 장면에서 회사원이나 대학생들을 만나보면 예민한 사람들 중의 20~30%는 외향적인 사람들이다.

오히려 예민한 사람을 변별하는 데는 그 사람의 행동결정 요인이 중요하다. 보편적으로 좋고 싫음으로 결정하는 '감정형Emotion 사람'이, 객관적인 사실에 의해 옳고 그름을 결정하는 '사고형Thinking 사람'보다 예민한 편이다.

사고형들은 아무리 가까운 사이라도 '안 되는 것은 안 된다!'고 분명하게 거절한다. '돈 좀 꿔 달라'는 친구, 무리한 부탁을 하는 선배도 단번에 거절한다. 물론 자책감도 없다. 객관적 사실에 의해 냉정하게 결정하는 시스템으로 머리가 굴러가기 때문에 별로 고민도 없다. 부모에게 인정머리 없다는 소리를 듣기도 하고, 친구에게 정나미 없다는 소리를 들어도 아주 쿨하게 넘겨버린다.

반면에 늘 눈치를 보는 섬세한 감정형의 예민한 사람들은 귀가 얇아 남의 말에 잘 휘둘리고, 작은 자극에도 민감하다. 내 수중에 돈이 없으면 다른 친구에게 부탁해서라도 요구를 가급적 들어주려 하고, 그게 안 되면 계속 신경이 쓰여서 잠이 오지 않는다. 나보다는 타인에게 더 신경 쓰고, 사람을 최우선으로 한다는 점에서 누군가에게 귀감이 되기도 한다.

예민하고 민감한 사람들,
슈퍼컴퓨터가 아니어도 괜찮다

남들이 무심코 지나치는 사소한 사건, 말, 행동 하나하나가
그들에게는 중요한 관심거리이자 잊지 못할 사건으로 남는다.

Q는 지식과잉 때문에 머리가 아프기도 하지만 없는 것보다는 넘치는 게 낫다는 생각이다. 음식점, 서점, 술집, 휘트니스 센터에서 쿠폰 활용법, 온갖 맛집까지 두루 꿰차고 있다. 심지어 다이어트 방법, 건강한 물 마시기, 부모님을 위한 성인병 예방법, 유튜브에서 찾은 어학사이트를 공유해놓고, 메모장에 기록하곤 한다.

잠시라도 정보를 수집하지 않으면 뭔가 손해 보는 일이 생길 것 같고, 커뮤니티에도 수시로 들어가 공지사항을 일일이 확인한다. 자주 들어가다 보면 피곤하기도 하지만 가장 큰 어려움은 멈추면 왠지 불안해진다는 것이다.

예민한 사람들은 위험지각이 빠르기 때문에 어떤 정보든 재빠르게 인식하고 수집한다. 유용한 정보는 물론이고 쓸데없이 자질구레한 정보도 흘려버리지 않는다. 꽤 상식이 풍부하다는 말을 듣기도 하고, 수집광이라는 별명이 붙은 소위 '걸어다니는 백과사전'이다. 사소한 것까지 머리에 가득 집어넣고는 "내가 왜 이런 것까지 죄다 기억하고…." 하지만 멈출 생각은 전혀 없다.

정보가 곧 돈이 되고, 결정적인 정보를 놓치면 상황에 따라 손해를 보기도 하는 세상이다. 놓친 것은 없는지 하루에도 수십 차례 SNS를 들락거리다 보면 안구건조증이 오고, 잠시도 긴장의 끈을 놓지 못한다. 누구보다 재빠른 행동 돌입 자세는 살아오면서 손해 보지 않으려고 나름 자신을 지켜왔던 삶의 대처방식이다.

정보에 유난히 민감하고 불안하다면 구체적으로 무엇에 예민하고 얼마나 불안이 높은지 살펴봐야 한다. 정보를 모른다고 그렇게 위험하지는 않으며, 정보로 이득을 봤다고 해도 엄청난 정도는 아닐 것이다. 실제 이득보다 손해가 많아도 명확히 깨닫지 못하는 경우도 많다.

인터넷서핑중독이 의심되는 사람 중에는 전문직이나 학구파가 많다. SNS중독, 스마트폰중독으로 분류하기도 하지만, 정보 부분에만 관심이 많다면 정보수집광으로 볼 수 있다. 정보수집광들은

111

소소한 일상의 즐거움을 얻을 때보다는 정보가 들어올 때 뇌의 도파민이 활성화된다. 긁어모은 정보가 쓸모없어지는 것이 판명될 때까지는 쉽게 버리지도 못한다. 때로는 수년, 수개월씩 컴퓨터 공간을 차지하고, 스마트폰 앱을 삭제하지 못한다.

정보가 사라지는 것에 대한 불안이 심한 이들에겐 정보 자체를 없애기보다는 목록화하기를 권유한다. 그렇게 함으로써 머릿속은 훨씬 간단해지고 정보를 찾지 못해 산만해지는 것을 막을 수 있다. 그리고 정보에 에너지를 빼앗겨 당장 해야 할 일을 뒤로 미루거나 핑계를 대는 것에 직면할 필요가 있다. 요즘 뭔가 잘 잃어버리고 기억력이 줄어드는 것이 느껴진다면 정보과잉 때문일 수 있다. 이때 적절히 가지치기를 해주면 산만함이 줄어든다.

이들은 애매모호함이나 불확실성을 견디지 못한다. 확실한 정보가 자신을 지킨다고 믿고, 이 세상에서 신뢰할 것은 정보밖에 없다고 생각한다. 고급지식에 대한 열망, 남다른 호기심은 특정 분야의 지식인이 되게 하는 강점이기도 하다.

정보수집벽이 일종의 완벽주의를 추구하는 것이기도 하지만, 이들의 실제 행동은 우유부단하고 회피적인 경향을 보일 때도 있다. 간혹 정보를 공유하는 과정에서 갈등이 일어나 관계에서 고립되는 경우도 있다.

이들이 모은 정보의 가치를 인정해주면 예민한 사람들은 자부심을 갖게 될 것이다. 이들은 보통사람들이 미처 발견하지 못한 정보의 세밀한 부분, 창의적인 아이디어를 많이 갖고 있다.

정보수집 대신
사람에게 관심을

정보는 우리를 자유롭게 할 최상의 수단이 될 수도 있겠지만, 그렇다고 사람들과의 끈끈한 정을 대신할 수는 없다. 책을 사면 읽어야 내 것이 되고, 힘겨운 운동으로 몸을 단련하듯 소중한 정보라면 내 것으로 만들어야 내것이 된다.

정보에 예민한 것은 대신할 보상물을 아직 발견하지 못했기 때문이다. 정보나 SNS가 유일한 삶의 방편이 될 수 없다는 것을 미처 깨닫지 못했기 때문에 이들은 사람을 대하는 것보다 정보수집이 훨씬 쉽다. 이처럼 정보가 일종의 애착대상이라면 그것을 사람으로 대체하는 것이 필요하다.

이들은 SNS를 멈추거나 앱을 삭제해버리고, 쓸모없는 정보들을 버리고 나면 불안이 급속도로 올라오는 수가 있다. 이럴 때 속수무책으로 당황하면서 할 일을 미루다가 회피해버리기 쉬운 본인의 예민한 성향을 스스로에게 각인시켜주는 것도 직면의 한 방법이다. 또한 컴퓨터에서 잠시 벗어나 자리를 이동하거나, 심호흡하면서 스트레칭을 하고, 친구와 잠깐 통화하며 기분을 전환함으로써 불안감을 달랠 수 있다.

혹시 고달픈 삶을 잊고자 정보를 끌어 모으며 문제를 회피하고 있는 것은 아닌가? 수집광들이 누구를 만나는 것도 귀찮아하고, 대화를 맞추느라 신경 쓰느니 차라리 혼자 있는 편이 좋다고 하는 것도 이런 이유 때문이다. 혼자가 편해 관심거리를 찾다가 정보수집광이 되고, 마니아가 되었을 것이다.

이제 수집행동 자체보다 보이지 않는 내 마음의 소리에 집중하자. 가끔은 친구와 김치전에 막걸리 한잔 하면서 훌훌 털어버리고 가볍게 사는 것도 나쁘지 않다.

필요하다면 정서적 보행기를
써도 괜찮다

사람들은 외롭다면서 스스로 감옥을 만든다.
그것을 인정하는 사람들이 있고, 부정하는 사람들이 있을 뿐이다.

R은 외로움을 잘 탄다. 그렇다고 말이 안 통하는 사람과의 만남은 꺼린다. 누군가와 속 깊은 대화를 나누고 싶은데, 아직 그런 대상을 못 만나서 늘 헛헛하다. 통화하는 것도 심드렁하고, 게다가 말 많은 사람은 정말 싫다.

누군가는 외로움을 달래려 스마트폰을 들여다보거나 통화로 시간을 다 보내는 것 같다는 말도 듣지만 R은 그 반대다. "요즘 무슨 일 있냐?"는 질문도 받는다. 혼자만의 시간을 즐기지만 그렇다고 외로운 것은 더 싫다.

예민한 사람들은 환상적 요소를 좋아한다. 피상적인 관계나 일상의 소소한 대화는 별 재미가 없다. 이렇게 스스로의 내면도 복잡하고 이해하기 힘든데, 상대방에게 그런 자신을 알아주기를 바라는 게 무리다. 자신이 대단한 존재 같으면서도 하찮은 존재 같기도 하고, 항상 외로움이 따라다닌다. 자기연민이 주는 위로를 포기하지도 못한다.

거절감이 싫어서 상황을 마지못해 끌고 가는 사람이라면, 게다가 사랑의 감정인지 애매모호하다면 '삭제 버튼delete key'을 누르고 잠시 지켜보는 것도 좋다. 가끔은 지나가고 보이지 않는 것들에 대한 회상, 즉 아픔과 뻐근함을 남겨둘 수도 있어야 한다.

예민한 사람들은 잠시 스쳐가는 사람들도 언젠가는 멀어져 못 볼 것 같은 불안감에 시달린다. 보이다 안 보이고, 열정이 식었다 부풀어오르기를 반복하다가 황망히 사라진다고 느낀다. 끊어졌다 이어지고, 다시 끊어지는 어디쯤에 부모님의 얼굴이 스치고, 애인의 환한 미소가 나타났다 쓸쓸히 사라져간다.

예민한 사람들은 미워하지도 수용하지도 않는 냉정의 어디쯤에서 누군가와 깊이 교감하는 것을 어려워한다. 무딘 사람과 서로 다른 마음의 결로 인해 끝없이 평행선을 긋는다. 나와 너무 다른 사람, 즉 같은 것을 보고 다른 생각을 갖고, 다른 감정을 느끼는 사람을 품는 것은 쉽지 않다. 상대방을 나의 틀 속에 가두어버리면 그는 진짜 모습을 보여주지 않는다. 애매함을 견디고, 때로 객기를 부리는 것은 용기 있는 자들의 몫이다.

'제대로 보려는 사람에게만 보이는 모습이 있다.'

정서적 집착과
분리

둔감한 사람은 예민한 감성의 사람에게 이끌리고, 예민한 사람은 둔감한 사람에게 편히 기대는 것이 좋다. 상호보완의 효과와 기질적 끌림이 있기 때문이다. 예민한 사람들은 파스텔톤의 사람들로 섬세한 감정놀이, 말의 향연을 즐기는데, 은밀히 스며드는 다정함이 있다. 하지만 그런 섬세함으로 인해 쉽게 피곤해지고, 신경이 날카로워지면서 혼자 있기를 원한다. 이런 모습은 다른 사람이 볼 때 신비롭게 비춰지기도 하지만, 유난을 떨거나 상대방을 밀쳐낸다고 느낄 수도 있다.

혼자만의 공간에서 조용히 곤추선 신경을 가라앉히고 평온해져야 수면 밖으로 나올 수 있다. 자신도 예측하지 못한 감정의 굴곡과 변화를 감당할 수 있는 시간이 필요하다.

예민한 사람들은 혼자만의 시간을 충분히 확보하지 않으면 불안해하며, 종종 속마음을 숨기려 해도 얼굴 표정에 쉽게 드러난다. 피부가 불그레해지고 희미하게 미소를 머금었다가 심각하고 쑥스럽고 화난 표정으로 바뀌는데, 세밀히 관찰하면 마치 파노라마처럼 흐르는 감정선이 보인다.

이들은 대체로 기분이 좋을 때보다 예민해질 때가 더 많다. 친밀한 어떤 대상을 향한 감정은 더 노골적으로 표현된다.

심리학자인 위니콧Winnicott을 비롯한 대상관계 학자들은 '이행대상transitional object'에 대해 말한다. 아기가 엄마에게서 분리되어 주체적 존재로 홀로 서기 위해 중간단계에서 담요, 베개, 솜사탕 같은 부드러운 것에 집착하는 것을 말한다.

이행대상의 전이는 부모로부터 소꿉친구, 동창, 애인과 같은 타자로 이어지고, 나아가 평생 함께할 결혼상대를 선택하게 된다. 배우자가 가장 가까운 타자인데, 부모와 유사하거나 정반대의 타입을 택하게 된다. 결혼은 부모에게 의존하지 않고 주체로 서는 과정이다.

예민한 사람들은 혼자 있는 것을 좋아해서 자발적 외로움을 선택한 것처럼 보이기도 한다. 그러다가 외로움이 깊어지면 어린아이처럼 미숙한 모습을 보인다. 주변인들은 그런 상황이 의아하기만 하다. 혼자 있고 싶을 때는 '나 좀 내버려두라'고 하면서, 귀찮을 때는 '건드리지 말라'는 '이중 메시지double message'를 계속 보내기 때문이다. 이들은 스스로 정서적 감옥에 들어가 주변 사람들을 외롭게 한다. 격렬한 관계를 원하면서도 동시에 홀로 있고 싶어한다.

또한 이들에겐 많은 사람들을 집에 초대하거나 커플끼리 단체로 여행가는 것도 큰 스트레스다. 예민함으로 인해 신경이 분산되고 긴장되면 신경이 날카로워져 자주 다투게 된다. 차라리 종일 단 둘이 집에 있는 것이 나으며 지루하지도 않다. 감정이 풍부해서 연극하듯 장난도 치고, 그러다가 시들해지면 좀 쉬어야겠다며 방으로 들어간다.

'아니, 한창 무르익어가는 분위기에서 왜 갑자기 철수하는가!' 하고 남들에게 핀잔을 듣기도 하지만 이들은 어쩔 수 없는 고통이 있다. 상대방을 사랑하지 않아서도 마음에 들지 않아서도 아니고, 단지 자신의 예민함을 감당하지 못해서이다. 이럴 때 '될 수 있으면 극한 상황까지 가도록 참지 않을 것!' '내 마음과 기분을 자주 보살필 것!' 등과 같이 스스로에게 다짐을 해두는 자기만의 해법이 있으면 좋다.

영화 〈보헤미안 랩소디Bohemian Rhapsody, 2018〉의 주인공 프레디 머큐리라미 말렉에겐 그가 만난 어느 누구도 메리 오스틴루시 보인턴의 자리를 대신하지 못한다. 유일하게 그의 진정한 친구였다는 그녀는

〈보헤미안 랩소디〉

프레디 머큐리의 행복을 가장 우선 시하며, 엄마의 대리역할을 했다. 그녀는 죽을 때까지 그의 뮤즈로서 외로운 영혼을 따듯이 어루만져준 여인이다.

자신의 감정을 온전히 이해받은 경험이 없었다면 머큐리처럼 관계에 집착하기 쉽다. 나이에 관계없이 '정서적 보행기'는 필요하다. 상대방 쪽으로 한 발 더 내딛거나, 혹은 상대방이 내 쪽으로 한 발 더 들어오게 하는 연습이다.

마음이 안정되면 타인에 대한 두려움도 차츰 줄어든다. 생각보다 상대는 나의 시시콜콜한 점을 기억하지 못한다. 또한 내 영역에 들어온 상대방이 생각보다 실망스럽지 않을 수도 있다.

죽어도 싫은 건
싫다고 해도 괜찮다

예민한 사람들은 타인의 시선에 먼저 눈길이 간다.
그러다 보니 내면에서 외치는 소리는 구석으로 밀려난다.

B는 나이를 한 살씩 더 먹는 게 두렵다. 몇 번의 소개팅 끝에 결혼까지 생각한 남자도 있었지만 B의 아빠는 하나같이 마음에 들어 하지 않았다.

B는 아빠를 누구보다 좋아하고 존경하지만 이젠 아빠가 부담스럽다. 딸을 위하는 마음은 잘 알지만, 아빠의 눈치를 보며 미적거리는 사이 사랑하는 남자가 끝내 떠나갔기 때문이다. 떠난 그를 증오하고, 아빠에게 화도 내보았지만 결정을 내리지 못한 자신이 한심해서 더 화가 치민다.

'아빠바보' 딸들은 어른이 되어서도 자신이 좋아하는 남자를 선뜻 선택하지 못한다. 아빠에게 사랑과 인정을 받고 싶은 강박관념이 있어서다. 요즘 시대에는 결혼적령기가 따로 있는 것은 아니지만 스물아홉 살이 되면 한 번, 그리고 서른아홉 살이 되면 또 한 번의 위기가 찾아온다. 초 단위로 나이를 세면서 빠른 세월을 의식하게 되는 것이다.

나이 끝자리가 아홉이 되면 조급증으로 인해 부쩍 예민해진다. 연애, 결혼, 직업 전환을 할 수 있는 마지막 기회라고 여겨지기 때문이다. 그럴수록 아빠바보 딸들은 아빠를 실망시키고 싶지 않다. 아빠의 마음이 아프지 않도록 여전히 사랑스러운 딸로 남고 싶다. 자신의 욕구는 잊은 채 아빠 눈치만 보다 스물아홉 살이 되어서야 망하고 만다.

"왜 그때는 몰랐을까요?"

B는 가슴을 치며 후회한다. 예민하기에 자신을 아끼는 사람을 재빨리 알아보고, 그의 마음에 들기 위해 자꾸 눈치를 본다. 소중한 사람에게 인정받고 싶기 때문이다.

눈치를 보는 게 꼭 자존감이 낮아서가 아니다. 폐를 끼치기 싫고, 타인을 배려하기 위해서다. 어쩌다 실수를 해서 큰일을 만들고 싶지 않은 것뿐이다. 예민하게 눈치를 잘 보는 사람은 자신보다는 타인을 먼저 생각하는 사람임에 틀림없다. 그런데 타인에게는 따뜻한데 자신에게는 냉정하니 그것이 문제다.

"남이 힘든 건 못 보겠어. 차라리 내가 아픈 게 낫지."

그래서 확신이 없어도 "너 아니면 죽겠다"는 남자와 결혼하기도 한다. "당신이 없으면 우리 회사는 굴러가지 않아요"라는 말에 과중한 업무를 떠맡아도 싫다는 소리 한 번을 못 한다. 속으로는 싫다, 싫다 하면서…

다행히 B는 상담을 받으면서 자기 자신을 존중하지 않는 마음과 눈치 보는 행동에 민감했던 자신에 대한 통찰력이 생겼다. 직장에서 목소리를 내기 시작했고, 요즘엔 의식적으로 아빠 눈치도 덜 보려고 노력한다. 함부로 대하는 남자와 데이트 시간을 낭비하지 않으며, 혼자서도 바닐라라떼의 달콤함에 빠질 수 있다. 연봉이 오르지 않아도 마음 편한 회사라 이만하면 괜찮고, 새로 만난 남자가 조건은 좀 못해도 선하고 다정해서 마음에 든다는 식으로 스스로를 다독여나가고 있다.

타인 마음지각과
사라진 나

결혼 약속도 안 했는데 남자친구 어머니의 눈치를 살피며 인사 다니느라 스트레스를 받는다. 누가 시킨 것도 아닌데 앞서가는 면이 있다. 타인을 지각하는 강박이 심하면 자신의 마음이 잘 보이지 않는다. "아무렴 어때, 나는 괜찮아." 하면서도 몸져눕는다.

하지만 자신의 모습 그대로를 인정할 줄 아는 사람이 남도 배려할 수 있다. 억지 친절은 절대로 오래 못간다. 자연스럽게 따뜻함이 흘러나와야지만 시간이 지나도 한결같이 변함이 없다.

"그가 나를 정말 사랑하는지 모르겠어요." 계속 궁금해 하는 사람에게 나는 되묻는다. "당신은 그를 진정 사랑하나요?"

상대방의 마음도 중요하지만, 내 마음이 가느냐가 먼저다. 사랑 예찬론자 중에 진실한 사랑꾼은 별로 많지 않다.

어찌 사랑뿐이겠는가. 우리를 설레게 하는 것은 '지금 이 순간' 내가 마주하는 삶이다. 우리에게 필요한 것은 차분한 저녁의 쉼, 흥얼거리는 노랫가락, 부족한 자신의 모습도 적극 수용하려는 의지다.

자기 자신이 100% 마음에 드는 사람은 없다. 그렇다고 자기를 빼낸 자리에 다른 사람으로 채워 넣을 수는 없지 않은가? 혼자 있을 때 참된 나를 진정으로 만날 수 있고, 나만의 온기를 느낄 수 있다. 박제된 인간에게는 매력도 온기도 없다.

〈첫 키스만 50번째〉

로맨틱코미디 영화 〈첫 키스만 50번째 2020〉가 리메이크되어 나왔다. 날마다 기억이 리셋reset되는 여자와 매일 아침 사랑을 고백하는 남자의 운명적인 사랑이야기다. 순간의 사랑은 매일 반복되지만, 자고 일어나면 기억이 리셋 되는 주인공 루이나가사와 마사미의 사랑 유통기한은 단 하루뿐이다.

우리 주변에는 날마다 눈치 보고, 자책하고, 합리화라는 리셋의 연결고리를 끊어내지 못하는 여자들이 의외로 많다. 어쩌면 주인공 루이가 기억상실증에 걸린 것처럼 날마다 같은 행동을 반복하는 '합리화의 여왕'들인지도 모르겠다. 영화의 엔딩크레딧에서 히라이 켄이 부르는 '닿지 않으니까' OST의 제목처럼 세상은 내 뜻대로만 되는 것은 아니다.

"내가 그렇게 신경을 썼는데…."

제대로 되는 일이 하나도 없고, 남들처럼 쉽게 살아지지도 않는다고 속상해하지 말자. 남들 인생이 쉬워 보여도 그들도 나름의 고충이 있다. 끊임없이 불안정한 세상 속에서 어떤 완벽한 장치란 없다.

　예민할수록 남의 눈치를 많이 보는데, 이는 상처받고 싶지 않은 마음이 강하다는 것을 의미한다. 우리 모두 살면서 수시로 상처받을 수 있고, 어긋나는 일도 종종 생긴다는 것을 인정하면 내 마음이 편해지면서 해피엔딩이 가능하다.

　세상살이가 호락호락 내 마음대로 되는 사람은 아무도 없다. 겉으로는 나보다 더 행복해보이고 모두 잘사는 것 같아 보여도, 그 속을 열어보기 전까지는 아무도 모른다. 내 마음대로 되지 않을 때, 그것을 어떻게 받아들이고 헤쳐 나가느냐가 행복과 불행을 가르는 기준이 된다.

때로는 가면부터 쓰고
시작해도 됩니다

보통사람들은 천천히 조금씩 자신의 모습을 보여준다.
덜 열정적이어서, 확신이 없어서도 아닌, 지극히 정상적인 모습이다.

J는 소개팅에 나가면 처음 만난 남자에게 자기는 겉은 밝아 보여
도 속마음은 어둡다든가, 타고난 예민함 때문에 악몽과 만성 불
면증에 시달려 현재 정신과 약을 처방받아 먹고 있고, 만성피로
로 응급실에도 가끔 실려 간다는 식으로 자신을 포장하지 않고
사실대로 다 말해버린다.

남자를 한두 번 만나고도 전화나 메시지에 집착하고, 연락이
자주 안 오면 '혹시 나 말고 다른 사람과 선을 보는 것은 아닌가?'
의심하며 슬쩍 찔러본다. 몇 번은 메시지도 오고 만나기도 하지

만 점차 남자가 부담스러워하며 연락을 끊거나 그만 만나자고 할 때도 있다. 이런 일이 반복되지만 그때마다 자신은 솔직했을 뿐, 내가 뭘 잘못했는지 도무지 모르겠다는 표정이다.

처음 만난 사람에게 자신의 모습을 굳이 다 드러내려는 것은 타인에게 정직해야 한다는 일종의 강박이다. 상황에 맞는 가면persona을 쓰는 것이 나의 정체성을 가리는 것이 아님에도 이들은 자신만은 가면 쓴 모습을 보여서는 안 된다고 생각한다. 그럴수록 자신의 행동을 합리화하게 된다.

J처럼 직장이나 스펙이 나쁘지 않은데도 존재감 없는 여성들이 의외로 많다. 이들은 평소에 회사에서는 근사한 모습을 보이지만, 집으로 돌아가면 공허와 두려움이 엄습한다. 예민한 자신을 괴롭히느라 도무지 마음 편히 쉴 수가 없다.

집에 오면 그날 있었던 일들을 파노라마처럼 떠올린다. 사람들이 내 말 한마디, 표정, 행동 하나까지 동선을 따라가며 빤히 지켜보는 것 같다. 밥 먹다가 국물을 조금 흘려도, 생선 가시를 빼내 식탁에 얹는 것까지 죄다 신경이 쓰인다. 그녀는 사회적으로 성공했지만 내면이 불안으로 가득 차 있다.

J는 타인에게 버림받고 외면당할까봐 연약한 모습을 드러내어 자신을 방어하는 전략을 쓰고 있다. 의도하진 않았지만 솔직한 것이라고 생각해서 보여준 모습도 어떤 면에서는 상대방의 연민

을 유발하기 위해 자신의 약한 자아를 드러낸 과장된 모습이다. 이런 경우 상대방은 당황하거나 무례하다는 인상을 받을 수 있다.

길거리를 걸으면서도 누군가 자신을 지켜보는 것만 같고, 당장 해를 끼치는 상황이 벌어질 것 같다고 고백하기도 한다. 차 안에 있는 사람이 자신이 허둥대며 걷는 모습을 지켜보며 뭐라고 생각할까, 테이크아웃 커피를 들고 가는데 길가는 사람과 눈이 마주치면 '내가 뭐 이상해 보이나' 하는 생각이 스치는 등 타인을 끊임없이 의식한다.

"최근에 크게 충격 받은 일이 있나요?"

"아니요."

"몇 개월, 아니면 지난 몇 년 사이에라도⋯."

"최근은 아니고, 아주 어릴 때 아빠 사업이 부도가 나서 몹시 힘들었어요."

아빠는 재기하지 못했다. 이후 월세로 전전했고, 엄마는 험한 일을 하며 생계를 꾸려야 했다. 아빠를 보면 옛날 일들이 떠오르면서 화가 나고 불안감이 확 엄습한다. 과거의 상처 때문에 예민해졌을 수도 있다. 하지만 현재까지도 피해의식과 적개심이 그녀의 핵심감정으로 자리 잡고 있다는 점에 관심을 두어야 한다.

J는 심한 정도는 아니지만 '정신장애 진단 및 통계 편람 5판DSM-V'의 '편집성성격장애'의 몇 가지 특성을 보이고 있다. 타인의 동기를 악의적으로 해석하는 등 전반적인 불신감과 의심을 갖고 있다.

- 좌절과 거절에 대해 지나치게 과민하다.
- 지속적으로 원한을 품는 경향이 있다.
- 의심이 많다.
- 중립적이거나 호의적인 행동을 적대적으로 해석한다.

가면을 쓴 모습도
나의 일부분이다

스위스 심리학자 칼 융Carl Jung은 인간이 갖고 있는 여러 가지 모습, 즉 가면을 '페르소나'라고 명명했다. 사람이라는 뜻의 영어 단어 'person'은 라틴어의 '페르소나persona'에서 유래한 것이다.

우리는 살아가면서 많은 사람을 만나고 관계를 맺는다. 가면을 전혀 쓰지 않고 벗어버린 민낯의 모습을 처음부터 성급히 보여주는 것은 자신뿐 아니라 타인에게 오히려 상처를 줄 수 있다.

"나 원래 예민하잖아요."

"나는 그저 솔직했을 뿐인데…."

모두들 과거의 상처가 덧날까봐 방어하고 회피하기 위해 '예민함' 속으로 숨는다.

"인간은 1천 개의 페르소나를 갖고 있다"고 융이 일찍이 정의했던 것처럼 우리는 가면을 여러 개 써도 된다. 한결같음과 강직함이 중요한 만큼이나 유연성과 적응이 필요한 시대다. '멀티 페르소나'는 단지 직업이나 역할만을 지칭하지 않는다. 가면을 쓴 모습도 나 자신인 것이다. 가면을 쓰지 않으면 외려 민낯의 미성숙한 내가 드러난다.

여러 개의 가면을 때와 장소와 상황에 걸맞게 가려 쓴다는 것은 '나도 모르는 나'를 일괄적으로 규정하지 않는 셈이다. '나'라는 존재가 겉으로 드러날 때, 정직하고 성실한 모습의 곧은 이미지만이 아니라 자유롭고 부드러운 자아가 숨어 있을 수 있다. 나를 의도적으로 해체해나가는 작업을 꾸준히 하다 보면, 내 안에 상처만 있는 게 아니며 봄 햇살 같은 따스함도 가득하다는 것을 알게 된다.

연애도 하고 싶고, 소개팅도 하고 싶어서 가면을 쓰고 좋은 모습만 보이려는 사람이 있는가 하면, 자신의 약점이나 과거에 상처받은 감정들을 마구 쏟아놓는 사람도 있다. 모습은 달라도 두 사람 모두 이런 질문을 하는 것 같다.

"자, 이런 나를 받아줄 수 있나요?"

대부분의 사람들은 상대방의 과거 이야기보다 지금 그가 어떤 사람인지를 알고 싶어한다. 그래서 불완전하지만 솔직하게 자신을 드러낼 줄 아는 사람이 당당하고 멋있다.

'저는 이런 사람입니다.'

과거와 현재를 발판으로 미래가 열린다. 내가 어떤 사람인지에 대해 앞으로 솔직하게 개방하는 것이 필요하겠지만, 그것을 공개하는 데 있어서는 상대방과 호감도를 친밀히 쌓아가며 진도에 맞춰 자연스럽게 보여줘도 될 부분이다.

강박이 아니라
조심하는 겁니다

예민한 성향의 사람들은 대개 꼼꼼하고 한없이 따스한 편이다.
때로 까칠하기도 하지만 그들 주변에는 항상 사람들이 붐빈다.

Z는 요가를 다니고 있다. 어느 날 요가강사가 작은 노트를 가져
왔는데, 10년 동안 배운 요가에 대해 꼼꼼하게 기록한 노트였다.
요가 기본 동작을 세밀하게 그려놓았고, 옆에는 작고 예쁜 글씨
로 빽빽하게 설명이 적혀 있었다. 수강생들 모두 놀라서 입이 딱
벌어졌다.

10년 동안 노트를 소장하고 있는 것도 대단하지만 글씨가 흐
트러짐이 없다는 게 더 놀라웠다. 학교 다닐 때 필기 한번 제대
로 안 해본 사람들은 이런 철저함이 부럽기까지 하다. 예민한 성

향의 사람은 자신이 철저한 만큼 다른 사람에게도 그런 기대감을 가지고 있다.

Z는 강사가 수강생들이 5분만 지각을 해도, 수업 시작 전에 수다를 떨어도 예민하게 소리를 빽 질러서 자주 놀라곤 한다. 소곤거리는 소리도 곧잘 듣고, 집중 안 하고 딴청부리는 것을 정확히 잡아낸다.

Z는 예민한 사람인지라 사람들과 부딪히지 않으려고, 선생에게 따지는 학생이 되지 않으려고 참아보지만 가끔 불만이 터져 나온다. 어떤 때는 "흥, 꼰대짓 하네" 하다가도, 강사가 예민하고 신경질적이긴 한데 정말 열심히 가르치니 뭐라 할 수도 없다.

회사 대표, 교수처럼 예민한 사람이 리더 위치에 있을 때, 그 아래 있는 사람들은 분위기를 살벌하게 느낀다. 처음에는 권위주의를 내세우는 꼰대로 오해하기도 하고, 얼마나 대단해서 군기를 다 잡냐며 무섭다고 수군거리기도 한다. '무섭다' '엄하다'는 말이 들려오면 뒤끝 없이, "그래요. 내가 좀 무섭다는 소리 들어요. 그러니까 확실히 하란 말예요"라고 서슴없이 쏘아댈 때는 정말이지 밉상이다.

그런데 신기한 것은 Z의 요가반은 수강신청을 시작하자마자 사람들이 몰려들어 금세 마감된다는 사실이다. 추천에 추천이 꼬리를 물고 수강생이 계속 늘어난다. 일반적으로 사람들을 수용해주며 너그럽고 생글생글 웃는 사람, 싫어도 좋은 척, 못해도 잘한다고 칭찬하는 사람이 더 인기일 것 같은데 이유가 뭔지 다들 궁금해한다.

최선을 다하는 꼼꼼한 성격은 남을 가르치는 현장에서도 나타난다. 예민한 성격을 상쇄시키고도 남을 만한 성실함은 예술 분야나 교육 분야에서 크게 능력을 발휘한다. 수강생들의 이름도 빨리 외우려 노력하고, 학생의 어떤 부분이 취약점이고 실력이 향상되지 않는 원인이 어디에서 비롯되는지를 세밀히 파악하여 바로 핵심을 찌른다. 그룹 사이에서 소외된 사람은 혹 없는지 살피고, 소외되는 이가 있다면 마음먹고 있다가 기회가 되면 살갑게 챙겨준다. 예민한 사람들은 일일이 전수해주는 도제식 교육, 예체능 분야, 기술 분야에서 기여를 많이 한다. 단, 스트레스 자극을 견디는 힘이 약하므로 갈등상황을 해결해줄 보스나 동료, 혹은 비서가 필요하다.

스트레스로 몹시 예민한 상황에서는 오래 버티지 못한다. 극도로 예민해질 때는 잠깐 쉬도록 자신에 대한 배려가 반드시 필요하다. 예민함이 성공으로 이끌었고, 스스로 완벽히 통제하며 잘 살아왔더라도 자신에게도 따뜻한 갈망이 있다는 것을 잊지 말아야 한다.

이들은 여행 갈 때도 스케줄을 분 단위로 빽빽하게 짜는 강박

135

적인 면이 있다. 예민한 남자친구 때문에 하루면 몰라도 1박 2일 여행은 피한다는 여자들도 있다. 둘 다 예민한 사람이라면 여행 가방이 보통사람보다 두세 배는 커지게 된다.

물론 예상하지 못한 상황을 대처하는 데는 아주 유용하다. 둘 다 예민하면 서로의 성격을 잘 이해하니 덜 스트레스를 받겠지만, 먼저 상대를 챙기느라 불필요한 에너지를 낭비하기도 한다.

사랑 고백도

조심의 극치

예민한 성향을 달리 표현하자면 곧 감성이 풍부한 것이다. 둔한 사람들이 별 생각 없이 이들을 자극하면 하늘을 찌를 듯이 화가 폭발한다. 반대로 "아, 그게 아닌데…"라고 기어들어가는 소리로 체념해버리는 유형도 있다. 예민해도 성격을 모두 드러내는 사람이 있는가 하면, 온순한 모습을 쉽게 드러내지 않는 사람도 있다.

이들은 마음이 따뜻하며, 자신의 예민함의 특성을 살려 누군가를 돕고, 가르치고, 예술적인 끼를 내면으로부터 승화시켜 표출하는 데 남다른 재주가 있다. 둔한 사람들은 간혹 이들이 유난히 예민하다고 치부해버리지만, 최소한 이들의 선의는 존중해주어야 한다.

어떤 일을 함께 추진하거나 부탁할 일이 있을 때, 당황하지 않게끔 미리 예고해주는 것이 필요하다. 이미 확답을 받은 일이라도 한 번 더 고지해주면 이들은 예민하게 각성되지 않고 느긋이 편안해진다.

자신들도 갑작스러운 자극을 싫어해서 더욱 조심하고 미리 말하는 경우가 많다. 하지만 보통사람보다는 그때그때의 자극에 민감해서 대부분 짜증이 많다. 때로는 충동적으로 보이기도 하고, 감정기복도 심하다. 예민해서 과잉반응하거나 남들보다 어떤 자극, 냄새, 소음을 못 견뎌서 사람을 내치기도 한다. 운동할 때 나는 땀 냄새, 염색약 냄새, 심지어 향수 냄새 등은 이들을 괴롭히는 주범이다.

다행히 이들은 자신의 특성을 잘 알고 있다. 이럴 경우 미리 양해를 구하고 고통스러움을 호소해야 한다. 상대가 야박해서도 아니고, 미워서도 아니다. 자신이 감당할 수 있는 수준을 넘어버리면 며칠씩 앓아눕기도 하고, 어린아이처럼 퇴행하기도 해서다.

이들은 사랑 고백도 소심하게 마음 졸이며 한다. 차분한 감성 발라드 가수 김동률의 '아이처럼'의 노래가사처럼.

사랑한다 말하고 날 받아줄 때엔

더 이상 나는 바랄 게 없다고

자신 있게 말해놓고

자라나는 욕심에 무안해지지만

또 하루 종일 그대의 생각에

난 맘 졸여요.

이들은 "보고 싶어 전화했어." 이 말이 무척 어렵다. 짓궂게 물어보면 "아니, 그냥, 비가 와서…." 얼버무린다. 사랑 고백도 소심하게 맘 졸이며 한다. 하지만 속마음은 무척 따뜻하다. 때로는 까칠하게 반응하기도 하지만 따뜻함이 깊게 배어 있다. 사랑 고백도 취중진담으로 비유적으로 표현하며, 밸런타인데이를 핑계 삼아 무심한 듯 동네 마트에서 산 초콜릿을 선물하기도 한다.

예민하지만 따뜻하고 귀여운 그들이다. 그들이 용감하지 않아서도 아니고 마음이 얕아서도 아니다. 그보다는 마음이 너무 깊어서 표현을 아끼고 참았다가 예상치 못한 때에 본심을 드러내는 것이다. 이런 사랑 고백은 세심함의 극치이다.

예민한 사람들은 속마음을 드러낼 때 타인의 반응에 무척 예민해지기 때문에 마음을 쉽게 드러내지 못한다. 아무렇지 않은 타인의 대답에도 혼자서 전전긍긍한다. 용기 내어 선물을 하고, 축

하의 메시지를 전달하는 것도 그들은 오랜 시간 공들여 생각하며, 시뮬레이션을 짠 후에야 실천에 옮긴다. 그들은 집에 와서도 '오늘 내가 잘했나? 뭐가 부족한 것은 없었나?' 하고 끊임없이 돌아보고 부족한 점을 찾느라 바쁘다.

무리했다면,
당장 'STOP'을 외치자

까칠함은 마음이 아프다는 말, 사랑을 요구하는 신호다.
이것을 알아차리는 것이 중요하다.

한 사람은 무디고, 한 사람은 예민하면 갈등이 생긴다. 대충 넘어
가는 사람들에게 한마디했다간 까칠한 사람이 된다. 예민한 사람
들은 강박적으로 정확한 사람들이고, 웬만하면 실수하지 않으려
한다. 과연 이들의 속마음은 어떤 것일까?

"나는 따지는 사람이 제일 싫어."

대학교 동아리 친구의 말을 듣고 W는 어이가 없었다. 친해져

서 동아리 숙제도 매일 전화로 확인해주고 자주 만났는데, 사흘이나 연락이 두절됐다. 전화를 해도 메시지를 보내도 일체 답이 없다.

"무슨 일 있었어? 왜 연락이 안 돼?" 친구는 깜빡 잠이 들었다며 미안하다고 했지만, 나도 모르게 감정이 훅 올라와 신경이 날카로워졌다. "네게 무슨 일이라도 있는 줄 알았어. 어제는 잠들었고, 그럼 다른 날은?"

친구와 카톡으로 싸우다 예민해져서 "됐어! 그만 만나!" 폭발해버렸다. 그러자 친구도 "그래, 만나지 말자고?" 확 짜증내며 친구 삭제를 눌러버렸다.

'친구 사이에 별것도 아닌데 도대체 내가 왜 그러지?' 싶을 만큼 사소한 일에 과민반응했나 싶기도 하고, 돌아서니 괜스레 민망하다. 이렇게 예민해지는 이유는 갖가지 두려움으로 인해 긴장 상태가 반복되면서 생기는 경우가 많다.

평소에 실수 한 번 하지 않을 것 같은 성실한 모습과 까칠한 그들의 겉보기는 사실과 많이 다르다. 속으로는 뭔가 잘못될 것 같은 걱정에 늘 사로잡혀 있다. 이런 까칠함의 근원은 두려움이고 불안이다.

〈라이프 오브 파이 Life of Pi, 2013〉라는 영화가 있다. 주인공 미스터 파이는 뱅골 호랑이와 격투하며 '적과의 동침'을 한다. 벵골 호랑

3장 예민하고 민감한 사람들에게 전하는 응원의 메시지

〈라이프 오브 파이〉

이에게 잡아먹힐까 전전긍긍하며 혼자 살겠다고 보트로 도망가지만, 결국 깨닫는 건 망망대해의 작은 보트에서 살기 위해서는 공존하는 것뿐이라는 것이다. 벵골 호랑이에게 물고기를 잡아 던져주고 물도 먹여준다.

우리는 때때로 과도한 두려움 때문에 스스로 만들어낸 무수한 거짓 이야기 속에서 살아간다. "어떻게든 되겠지" 헛된 위로를 한다. 이 영화의 마지막 장면에서 두 개의 스토리 중 어느 것이 진짜냐고 묻는 소설가에게 주인공 파이는 "이야기의 선택은 당신 자신이 하라"고 말한다.

정말 영화 주인공이 갈등도 고생도 살육도 없이 우아하게 항해만 했을까? 감독은 이 질문에 대한 대답을 관객들에게 온전히 맡긴다. 파이는 난파된 배에서 살아남은 후에 결혼도 하고, 아이도 낳고 평범하게 살아간다. 자신의 진짜 이야기를 인정했기 때문일 거라고 추측해본다. 우리는 꼭 누군가에게 고백하지 않더라도 자신의 아프고 힘든 이야기를 스스로에게 솔직히 인정할 용기가 필요하다.

겉이 까칠한 사람일수록 속은 여린 경우가 의외로 많다. 몸이 아프면 동정을 받지만, 마음이 아픈 것은 사람들이 잘 모른다. 다치기 쉬운 속마음을 들키기 싫어 '강한 척!' 하며 살아가기 때문이다. 2011년 미국 컬럼비아대학교 에드워드 스미스 교수 연구팀은 "이별을 경험한 40명에게 각각 헤어진 연인의 사진을 보여주자 뇌에서 팔에 매우 뜨거운 것이 닿았을 때 활성화되는 부위와 같은 부위가 활성화되었다"고 보고했다. 몸의 통증만큼이나 마음의 통증도 결코 가볍지 않다.

'까칠함은 마음이 아프다는 것이다.'

까칠함이 강박으로 변하면 사나워진다. 요즘 공황발작으로 상담실을 찾는 사람들이 부쩍 늘고 있다. 불안 정도를 보려고 풍선을 불어보라고 하면 터질까 두려워 풍선을 부는 것조차 못 해낸다. 일상의 불안이 풍선으로 옮겨간 것이다.

"착해 빠져서, 여리기만 해서…." 이런 말을 주변에서 자주 듣는데, 자기 마음을 솔직하게 표현하지 못하고 참다가 터질 뿐이다.

관계가
깔끔하다는 것은?

까칠하다는 말을 주변에서 많이 듣는다는 여대생이 상담실에 찾아왔다. 그녀가 고백했다. "저는 썸은 타지만, 쉽게 가까워지지 않아요."

이렇게 "남사친, 여사친은 많지만 애인은 없다"고 고백하는 사람들 중에 까칠한 사람이 의외로 많다. 이들은 관계가 깔끔하다는 것은 선을 그어 자신을 보호하고자 하는 것이라고 생각한다.

이들은 가벼운 '루두스Ludus' 사랑을 선택한다. 차라리 혼자가 편하며, 데이트나 결혼은 부담스럽다. 상대방 입장에서는 사귀는 사이인데, 가까워지지 않는 것에 대한 불만과 오해가 쌓여 이별을 통보받기도 한다.

이들은 투사projection라는 방어기제를 많이 쓴다. 투사란 자신 내부의 갈등을 외부의 탓으로 돌리는 것을 말한다. "꺼져!" 농담처럼 하는 말들, 엉겁결에 나온 말들은 대부분 진심이 아닌 경우가 많다. "내게 다가와줘." 사실은 이 말이 하고 싶은 것이다.

티를 안 내고 한없이 선량한 아가페Agape 사랑으로 까칠함을 숨기는 데 성공하는 사람들도 있다.

"제가 도울 일이 없을까요?"

궂은일도 도맡아 하며 성격도 비교적 좋아 보이는데, 까칠함과 예민함의 극치인 이들은 과연 누구인가? 이들에겐 휴일도 없고, 일과 사생활의 분리가 잘 안 된다. 이들은 착한 사람들이며, 이들이 있어 세상이 살 만하다. 하지만 이들을 화나게 하면 멈출 방법이 없다.

외로움, 슬픔, 분노, 모욕감 등 사람마다 대면하기 싫은 감정들이 있다. 공포영화를 보면 오싹해지는 것은 자율신경계의 자연스러운 반응이다. 싫은 감정도 마찬가지다. 억지로 없애려고 하면 오히려 마음의 병이 생긴다. 억압했던 감정이 올라오는 것을 차단해서 까칠한 형태로 드러나는 것이다.

'통제 이슈는 자신의 불안을 통제하려는 시도이다.'

까칠한 사람들은 남들에게 간섭받는 것을 무척 싫어한다. 누가 자기에게 잘해주면 좋아하면서도 사소한 친절을 강하게 거부하는 것은 이 때문이다. '거짓'과 '진짜'로 살아가는 것, 어느 쪽이 쉬울까?

그동안 근사한 모습만을 보이려 했다면, 이제라도 자신의 진짜 모습을 되찾을 필요가 있다. 까칠한 당신에게 마법의 3가지 주문을 걸어서 '완벽한 나'가 되기보다는 '충분한 나'가 되어보는 것은 어떨까?

"무리했다면 당장 STOP!"
"실수는 누구나 할 수 있어요!"
"푼수 표정, 한번 지어볼까요?"

연애할 때, 사랑할 때
실수해도 정말 괜찮다!

연인이 내 말과 행동을 어떻게 보는지 확인하고 싶지만
상대의 기분을 생각하느라 혼자서 전전긍긍한다.

예민하고 민감한 사람들은 연애에 있어서도 실수를 두려워한다. 차가운 느낌을 가진 예민한 감정의 사람들은 반전 매력이 있다. 좋아한다는 말도 직설적으로 못하고 두근거림을 숨기는 편이다. 끙끙 앓으면서 마음이 전달되기를 바라고, 좋아하는지 확인하고 싶어한다.

두근거림과 긴장을 밀당하는 커플들도 있다지만, 그들은 심적 부담 때문에 정답을 빨리 알고 싶은 수험생처럼 연애에서도 정답을 빨리 알고 싶어한다. 그렇지만 누구보다 다정하고 뜨거운 사랑을 하고 싶다.

"뭐해?" "자는 거야?" "밥은 먹었어?" 세심하게 챙겨주는 것을 좋아하고, 상대방이 덤덤하면 서운하다. 자신의 섬세한 밀도만큼 반응해주기를 원한다. 남들처럼 사람 많은 곳은 좋아하지 않고, 둘만의 비밀장소, 썸 스테이가 있다. 스쳐가듯 짧은 통화는 신경을 건드린다. 충분히 시간을 내어 공들여 나누는 깊은 대화를 좋아한다.

사람을 많이 의식해서 누가 옆에 있으면 관심 없는 척한다. 예민한 연인들은 번잡한 곳을 싫어하며, 잔잔하지만 뜨거운 사랑을 하고 싶어 한다. 프로이트Freud의 심리성적 발달이론에서는 항문기 보유형의 성격은 깔끔하고 긴장을 잘한다고 한다. 이러한 긴장상태에서는 감각이 제 기능을 충분히 발휘하지 못한다. 사람들 앞에서는 경직되고 로봇처럼 굳어지지만, 힘이 빠지고 느슨해지면 귀엽고 사랑스러워진다.

둘만 있을 때는 무릎 위에 앉기도 하고, 뽀뽀도 하고, 춤을 추기도 한다. 애인은 사람이 있을 때와 없을 때 왜그렇게 다르냐고 놀린다. 좀 더 챙겨주고 표현하고 싶은데, 애인이 괜찮다고 하면 서운하다. 이들에게 강렬한 사랑은 지하철 안에서 남들이 다 보는데 포옹하는 것이 아닌, 섬세한 떨림을 마음에서 마음으로 전달하는 것이다.

직장 스트레스나 걱정이 많은 예민한 사람들은 긴장할 때 교감신경의 활성화로 아드레날린이 분비되면서 스트레스 호르몬인 '코르티솔Cortisol'이 나온다. 그러면 식욕과 성욕을 억제하게 된다. 첫 만남에서 끌림이 있었어도 긴장 때문에 잘 맞지 않는다고 느끼는 요인이다. 로맨틱한 데이트와 섹시한 느낌에 긴장은 금물이다. 민감한 특성을 살려 차분하게 서로를 관찰하면서 서서히 취향을 알아가는 것이 중요하다.

예민한 사람일수록 말초적인 자극보다는 스킨십이나 백허그 같은 따뜻함의 감정을 더 좋아한다. 그러면서도 감각이 예민하고 섬세해서 처음부터 상대방의 눈빛이나 손의 만져짐에서 느낌이 와야 계속 만남이 연결된다. 감각이 무뎌 반응이 느린 상대방에게는 매력을 덜 느낀다. 예민한 여자들은 처음부터 어느 정도 사랑의 민감성이 맞아야 계속 만남을 지속할지 마음을 정한다.

"키스해도 돼?" 묻다가
타이밍을 놓친다

처음 사귀는 단계라고 가뜩이나 떨리고 예민해진 사람에게 묻는다. "손 잡아도 돼?" "키스해도 돼?" "안아보고 싶은데, 해도

149

돼?" 이렇게 매너를 챙기려다간 사랑의 타이밍을 놓쳐버리게 된다. 자연스러운 끌림, 표정이나 손동작의 언어를 알아차리는 섬세한 감각이 필요하다.

사랑의 단계가 깊어졌을 때, 전희가 너무 길면 맥이 끊기고, 너무 짧으면 아쉽다. 예민함으로 작은 몸짓과 같은 상대방의 반응을 세밀하게 살피느라 자신의 만족에 집중하지 못하는 것도 주의해야 할 부분이다. 상대방을 만족시키는 것도 중요하지만 나의 욕구를 느끼고 상대에게 솔직하게 전달하는 것이 앞으로의 관계를 위해 용기를 내야 할 부분이다.

나의 끌림과 느낌이 우선되지 않으면 상대에게 서운함을 느끼고 끌려 다니게 된다. 가끔 순정만화 속 주인공이 되고 싶다면 내 의사도 과감하게 표현하며 두려워하지 말고 다가가보자.

강렬한 느낌의 사랑을 하고 싶다면 내가 만든 고정관념에서 벗어나야 한다. 더 나은 섹스와 오르가슴은 몸과 생각이 깨이고 열려야만 가능하다. 자신의 벗은 몸에 대한 수치심부터 없애는 단순한 것부터 실천해야 한다.

달콤한 섹스와 오르가슴은 호기심에서 시작된다. 안 해본 스킨십, 눈 맞춤, 언어와 같은 환상적 요소를 찾아 한 가지라도 실천해보는 것이다.

예민한 사람들이 새로운 시도를 주저하는 것은 실수하지 않으려는 데서 시작된다. 누구보다 창의적인 자신을 아직 발견하지 못해서다. 상대가 다소 성급하게 다가오면 아직 준비가 덜 되었다고 솔직하게 표현하면 된다.

데이트 기간이 긴 커플인 경우라도 예민하고 민감한 사람들은 매번 새로움을 만들어나가는 재주가 있다. 그와 마찬가지로 지난번과는 약간 다르게 자신의 욕구와 몸의 반응을 표현해주고, 새로운 데이트 장소를 찾아보는 것도 좋다. 늘 같은 장소와 유사한 데이트 코스만 고집하면 지루함을 느끼게 된다.

케미가 맞는 사람을 한눈에 알아보기도 하지만, 서로의 취향을 존중해주고, 배려하며 다정해질 때 케미가 생겨나기도 한다. 데이트나 연애가 아니라 결혼까지 생각할 경우, 사회적 지위나 연봉이 어느 정도 맞아야 마음을 여는 것은 과거나 요즘이나 별반 달라지지 않았다.

그렇다고 처음부터 "연봉은요?" "결혼자금은 마련했나요?" 이렇게 직설적으로 물어보는 것은 정말이지 매너가 빵점이다. 예민한 여자들은 그런 성급하고 매너 없는 소개팅을 누구보다 못 견뎌한다. 민감한 사람들은 직설적인 질문이 가득한 만남을 견디기 힘들어한다.

로맨스 음악영화 〈원스Once, 2007〉와 같은 차분하지만 강렬한 사랑도 있다. '사랑을 잃은 남자'와 '희망을 상실한 여자'는 더블린

〈원스〉

의 밤거리에서 만난다. 남자_{글렌 핸사드}와 여자_{마르게타 이글로바}는 서로에게 편안하다. '사랑을 하기나 하는 걸까?' 싶을 정도로 진한 키스나 정사 장면은 없다. 길거리, 자동차, 작은 방에서 잠깐씩 스쳐갈 뿐이다. 소음이 깔린 밤거리와 대화 속 절제된 아련함 속에 영화 OST 'Falling Slowly'의 가사처럼 조용히 사랑이 깊어간다.

강렬한 사랑, 성적 환상은 내면에서 흘러나오는 섬세함과 깊은 심리에서 나온다. 서로의 마음을 알아주고, 민감하게 터치해주는 감정누드만큼 섹시한 것은 없다. 선 연애, 후 결혼_{先 戀愛, 後 結婚}, 케미가 맞는지, 연애감정이 생기는지를 먼저 살펴보는 게 순서가 아닐까. 예민한 사람들은 미리 결혼까지 걱정하며 완벽한 사랑을 꿈꾸다 아예 시작도 못하는 경우가 많다.

감각적 민감함이 충동적 사랑이 될까 두려워하지 말자. 민감함이 사랑관, 가치관, 성향을 세심하게 살피며, 물리적인 부분에 압도당하지 않는 선택을 할 수 있다는 자신감을 가져도 된다.

152

4장

예민함과
민감함이
빛을 발할 때도 있다

예민함과 민감함이 빛을 발할 때가 있다. 예민해서 다른 사람에게 더 신경을 쓰고, 걱정이 많은 것은 감정회로가 그만큼 발달했다는 증거다. 예민함은 누군가의 어두운 면을 해결해주는 '보조자아'가 되어주기도 한다. 단, 너무 기대려는 사람을 적당히 피하는 센스가 필요하다. 자신은 미처 모르지만 남다른 통찰력과 열정으로 감정을 다루거나 꼼꼼함과 노력으로 학자의 근성을 보이기도 한다. 타고난 조심성으로 스스로를 위험과 난관에서 지키기도 하며, 평소에 잠았던 분노를 터트리는 날 세상의 정의로운 개혁가가 되기도 한다. 자신만의 특유의 상상력은 일상의 풍요와 일에 독특성을 더해주는데, 현실을 넘어설 때도 있어 가끔은 괴짜라는 소리를 듣기도 한다. 게을러 보일 때도 있지만, 자주 행복하고 싶다면 지치지 않게 가끔 쉬어가는 지혜도 필요하다.

자기비난과 자책만 멈춰도
인생은 살 만할 것이다

나보다 남의 고생과 불행이 더 신경 쓰이는 것,
끊고 싶지만 못 끊는 것들은 언젠간 떠나보내야 할 것들이다.

앞서 언급했던, 내키지 않지만 막상 스마트폰에 이름이 뜨면 전화를 받지 않고는 못 배기는 그 사람이 나의 '보조자아auxiliary ego'인 경우가 많다. 한동안 전화가 안 오면 궁금하고, 만나자고 하면 싫지 않은 관계다. 하지만 막상 만나면 남 흉보고, 시사 얘기, 남자 얘기, 가십거리로 수다떠는 등 시시껄렁하다.

'사람 만나는 게 다 그런 거지 뭐' 하다가도 만나고 나면 시간이 아깝고, '나는 뭐하고 있나?' 자책감이 들기도 한다. 자신이 빠져 있는 빈껍데기의 이야기로 시간을 낭비하는 것을 문득 자각한다. 이런 저런 핑계로 피할 때도 있지만, 결국 관계를 끊지 못하고 이어가는 것은, 현재는 그 사람이 필요하다는 것이다.

K는 "재수하면서 뒤늦게 아이돌에 꽂혀서 거의 공부도 안 하고 끌려 다녀서 엄마한테도 엄청 혼나고 입시도 망쳤어요"라고 했다. 원하는 대학에 못 가서, 지금도 가슴 한켠이 아련하고 아프다는 것이다. 대학생이 되어서는 어찌하다 담배를 배웠는데, 맛도 모르면서 쉽게 끊지 못하는 자신이 이해가 안 된다고 한다.

보조자아는 자신의 어두운 면, 해결하지 못한 부분을 해결해주는 존재다. 영화감독에게는 그들의 작품이, 뮤지션에게는 그들의 음악이, 화가에게는 그들의 그림이, 부모들에게는 그들의 자녀가 보조자아로 선택하기도 한다. 누군가에게는 담배나 술처럼 기호식품이, 연애하는 사람들에게는 애인이, 내담자에게는 상담자가 보조자아로 선택되는 경향이 있다.

보조자아는 없어서는 안 될 것들이지만 시간이 지나면 떠나보내야 할 것들이다. 자신의 작품도 만나는 사람도 언젠간 떠나보내야 하고, 변하는 것이 당연한 일이다. 원망하고 배신감을 느낄 필요까지는 없다. 그러나 붙들고 떠나보내지 못하면 의존을 낳게 되고, 인생이 퇴행한 채로 멈추게 된다.

"저는 잘살고 있는 것일까요?"

타인의 동의가 힘을 주기도 하지만, 결국에는 '내가 나를 인정해야만 한다.' 예민해서 상대방에게 좀 더 신경을 쓰는 것은 좋은 것이다. 하지만 그것도 시기와 적절성이 요구된다.

끊어내지 못하는
연민

예민한 사람들은 남에게 관심이 많을 뿐 아니라, 말하지 않아도 표정만 봐도 알아차린다.

"남이 힘든 것을 알고 싶지 않아. 성가시고 귀찮아."

그렇게 말하면서도 막상 남이 안돼 보이면 괴로워 밤잠을 설치고, 남들이 도움을 요청하면 기다렸다는 듯이 쪼르르 달려가 해결해주는 해결사들이다. 말하기보다 듣기를 잘하며, 상대방이 마음껏 자기 얘기를 풀어놓도록 경청하는 사람들을 보면 대부분 예민하고 섬세하다.

애인과 만나도 내일 못 볼 사람처럼 애틋하게 대한다. 만나면서도 항상 떠날 준비를 하는 사람들이 예민한 사람들이다. 엄마와 갈등하면서도 결혼하면 자주 못 볼 것 같아 억지로라도 엄마에게 잘한다.

이들은 좋아하는 사람의 집 앞에 서성이면서 문 열어주기를 기다리며, 친구를 만나러 갈 때 와인만 사가는 게 아니라 치즈도 사가는 섬세한 사람들이다. 자면서도 생각하는 사람, 꿈에서도 기도하는 사람, 예민해서 마음속에 품은 사람도 많다. 혼자 지내는 것을 싫어해 외로운 사람의 마음을 잘 헤아리고, 헤어지는 것을 싫어해 끝을 먼저 말하지 않는다.

돈이 없어도 따뜻한 캔 커피를 손에 쥐어주는 사람, 뭐 때문인지는 몰라도 슬픔에 잠긴 눈, 퉁퉁 부어오른 눈을 보면 함께 눈시울을 적시는 사람들이다. 추억이 깃든 물건은 작은 것이라도 간직하고, 상대방이 좋아하는 음악에 관심을 가져주며, 꽃을 좋아하는지 혹은 실용적인 선물을 좋아하는지도 잘 안다.

행복한 친구, 명랑한 친구, 낭만적인 친구, 지혜가 많은 친구, 남들 앞에 자랑하고 싶을 정도로 멋있는 친구 등 수많은 친구들이 있겠지만, 예민한 사람을 친구로 사귀어보라고 적극 권하고 싶다. 이들은 예민해서 피곤하기도 하겠지만 웃음과 슬픔이 잔잔하게 스며들게 하고, 감정이 천천히 퍼져나가면서 결국에는 마음에 닿게 만드는 재주를 가진 사람들이기 때문이다.

마음을 거울처럼 비춰주는 것을 심리학 용어로는 '반영reflect'이라고 한다. 보이지 않아도 상대방이 자신에게 투영해준 감정을 믿으며, 당장 마음이 보이지 않아도 기다리는 사람들이다. 정신 없이 빠르게 비틀거리는 세상에서 정말이지 포근히 기대고 싶어지는 사람들이다.

수다떨고 뒤늦게 집에 오면 공허한데도, 그 친구를 끊지 못하는 것은 왜일까? 그런데 생각과 달리 누군가에게 만나자고 연락이 오면 쪼르르 달려가는 자신의 마음을 자기도 잘 모르겠다는 여자들이 있다. 만일 습관대로 전화받고 행동하는 '반사반응'일 때는, 그 친구이름을 '전화받지 말 것'이라고 저장해놓으면 그만이다.

영화 〈나의 위대한 친구, 세잔Cezanne and I, 2016〉은 화가 폴 세잔과 작가 에밀 졸라의 우정을 영화화한 것이다. 무명의 시절을 보낸 두 사람이 친구로 지내오던 중 에밀 졸라가 먼저 성공을 이룬다. 에밀 졸라는 친구 폴 세잔을 물심양면으로 돕지만 어떤 진전도 열정도 찾지 못하는 것처럼 보

〈나의 위대한 친구, 세잔〉

이는 세잔에게 배신감을 느낀다. 결국 무능하고 비참한 화가를 주인공으로 한 소설을 발표하게 되고, 세잔은 모욕감에 친구 에

밀 졸라를 떠난다.

그렇다면 에밀 졸라가 대단히 잘못한 것일까? 그렇지는 않다. 다만 친구를 위해 정성을 다한 것으로 끝내지 못하고, 성에 차지 않은 것을 혈기로 드러낸 것이 문제였을 수는 있다.

오늘날 세잔은 자연과 사물을 입체적으로 보는 큐비즘의 창시 자이자 인상파 화가로, 현대미술의 한 획을 그은 사람으로 평가 받고 있다.

남에게는 안 보이는 것이 나에겐 잘 보이고, 도저히 가만히 있 을 수 없다면 예민한 사람이다. 가급적 미리 앞서가지 말고 상대 방이 도움을 요청할 때까지 조금 기다리는 것도 좋다.

그런 의미에서 대부분의 착한 딸들은 예민하다. 누군가를 사랑 하는 사람 역시 아주 예민하다. 그들에게는 끊어내지 못하는 연 민이 있다. 그에 비해 무딘 엄마와 사랑을 받기만 하는 사람은 대 부분 둔하다. 그래서 염치없이 받기만 하고, 가끔 재수없이 행동 한다. 나중에 후회할 게 뻔한데도 말이다.

감정회로를 잘 다루면
인생이 세상이 달라진다

걱정이 많아 미리 조심하기 때문에 스스로를 위험에서 지키며
이것이 사회를 향할 때 사회변혁을 실현하기도 한다.

예민한 사람들은 감정수습이 잘 안 돼 언제나 날이 서 있는 것 같다. 초조함은 남을 의식하는 것에서 비롯되는데, 남과 불편한 상황이 되는 것을 싫어하기 때문이다.

M은 식당에서 줄이 길면 '언제 줄어드나, 점심시간이 짧아 양치도 못하고 허둥댈 바에야 차라리 점심 먹기를 포기할까? 카페 가서 샌드위치나 먹고 커피만 마실까? 요즘 다이어트 중인데, 점심을 샌드위치로 때우면 저녁에 과식하게 되겠지?' 머릿속에서 끊임없이 시나리오를 짠다.

조바심은 분노로 변하고 "에잇, 안 먹을까봐!"라는 말이 불쑥 입 밖으로 튀어나온다. 그러곤 괜히 옆사람 눈치를 본다. 나의 행동을 아무도 신경 쓰지 않음에도 늘 노심초사다. 간혹 눈치 빠르게 알아차리는 사람이 있다면 그 역시 예민한 사람이다.

"왜요? 무슨 일 있어요?"

이런 상황을 한두 번 겪는 게 아니라, 밥을 먹을 때마다 고민하는 것이다. 그때마다 창피해지고 숨고 싶어진다.

"아니요, 줄이 길어서…. 그냥 먹어야죠, 뭐."

나의 예민한 것을 남들이 알아버렸으니 "너무 예민하다고 할까요? 참을성 없는 이상한 사람으로 보겠죠?" 하고 묻는다. 작은 일에도 걱정이 많다는 것은 감정회로가 발달해 있음을 방증한다. 이들은 완벽한 감정회로가 왕성하게 작동한다.

'길을 잘못 들어서면 어쩌지?'
'감정이 북받쳐 화를 내버리면 어떡하지?'

생활에 지장이 없을 정도면 모르지만, 그 정도가 심하다면 객관적인 평가를 통해 점검해보는 것도 좋다. 어떤 경우는 신뢰할 수 없었던 어린 시절의 상처가 PTSD 외상후스트레스장애로 나타난 경우들도 있다. PTSD의 여러 특징 중에 '자신과 타인, 세상에 대한 부정적인 시각과 소외된 느낌'은 흔히 나타나는 중요한 단서가 된다.

그래서 세상을 믿는 대신 자신을 믿기로 결심하게 된다. 그렇지만 이러한 감정은 단순한 의지의 문제가 아니며, 뇌의 기능도 간과해서는 안 된다. 최근 국제과학저널 〈분자정신의학Molecular Psychiatry〉지에 실린 실험이 이를 뒷받침한다.

국제전기통신기초기술연구팀은 수십 명의 실험대상자에게 뱀 등 60여 종의 혐오동물 사진 3천여 장을 보여준 후 공포심에 대한 생체 반응을 알아보고 '기능적 자기공명단층촬영fMRI'로 뇌 활성부위를 측정했다. 실험 결과, 예민한 사람들의 뇌는 '해야 한다must'라고 사고하는 '전두전야'가 활성화되었고, 땀과 같은 생체 반응을 통해 '편도체'가 특히 활성화되는 것을 발견했다(분자정신의학, 2019. 10. 27.). 예민한 사람들이 분노, 공허감, 슬픔 등의 감정을 크게 느끼는 것은 편도체가 과작동하기 때문인 것이다.

공포반응이
분노반응으로

'공포'란 '사실을 외면하고, 상황에 맞지 않게 심하게 겁내고 무서워하는 반응'을 말한다. 이러한 공포반응이 분노반응으로 바뀌면 결국에는 폭발한다.

M은 남자친구와 다툼이 커지면 욕까지 해야 직성이 풀리고 비로소 싸움이 끝난다. 싸움의 상황이 되면 큰 싸움이 아니어도 공포심에 두려워 떤다. 마음을 먹어도 감정조절이 잘 안 되고, 싸움이 반복되다 보니 고민이 된다는 것이다. 이야기를 풀어놓다 보니 사춘기 때쯤 엄마에게 혼나다가 자신도 모르게 욕이 나왔다는 것이 기억났다.

이럴 때는 욕 자체보다는 무서워서 억압했던 분노 부분에 집중해야 한다. M의 분노의 근원은 실수에 대한 두려움, 가까운 사람이 떠날 것에 대한 공포심에서 찾을 수 있다.

알고 보니 M은 사춘기 이전 아주 어릴 때 심한 학대를 당한 경험이 있었다. 그 여파로 지금도 무서워할 상황이 아닌데도 공포심에 떨기도 하고, 서류 작업이 조금만 잘못되어도 손에 땀이 가득찬다. M은 현재, 왜 이런 일이 생겼고 어떻게 대처해왔는지 스스로 분석하며 자가 치료를 하고 있다.

억압했던 분노를 표출한다는 것은 에너지가 생겼다는 것이다. M은 악조건에서 살아남은 생존자였고 그런 스스로를 대견해했다. 무서운 세상을 헤쳐 나가기 위해 자기 나름의 생존 방식은 무엇이든 시나리오를 미리 짰다. 일어나지 않을 일들까지 예상하며 촘촘하게 짠다면 덜 실수한다는 것을 터득했던 것이다.

"그렇다고 매일 그렇게 긴장하고 살 수는 없지 않나요?"라고 직면하게 하면 많은 사람들이 눈물을 뚝뚝 떨어트린다. 이들은 집에 오면 그날 반성할 것과, 실수를 만회하기 위한 다음날의 시나리오를 다시 짜야 하니 잠을 설치는 날이 많아 다크써클이 늘 짙게 드리워져 있다.

167

자동차 내비게이션도 잘 믿지 않아 출퇴근길은 물론 초행길도 노선이나 이정표를 외워두는 습관을 갖고 있다. 시행착오 끝에 어느 시간대에 어떤 식당이 한산하며, 어느 요일에 무슨 식단이 맛있는지도 꿰차고 있다. 심지어는 열량, 맛, 소스까지 철저히 분석하며 작은 실수로 인해 닥치게 될 불쾌함이나 위험을 최소화하려고 한다.

자신들의 정보와 지식을 주변의 친한 사람에게 일일이 전수해주는데, 그들에게서 "뭐 그렇게까지…"라는 말을 들으면 서운하기도 하다. 철저히 살면 좋지 왜 대충 사나 싶기도 하고, 한편으로는 그들이 부럽기도 하다.

어떻게 해야 할까? 먼저 단순한 감정조절과 소통이 안 되는 것이 원인이라면 함께 대화 패턴을 수정해봐야 한다.

'몸이 닿는 기분이 불쾌하고 화가 나요.'

예민한 사람들은 평소에 화를 내면 안 된다고 생각해서 참는 경우가 많다. 그래서 두통이 오고 팔이 저리는 등 신체증상으로 발전하게 되면 우왕좌왕하며 차분히 서 있는 게 힘들어진다.

이때 단계별로 자가 치유를 할 수 있다. 당황스러운 상황이 생길 때, 아래의 단계별로 과정을 따라가다 보면 예민함을 다루는 유능감이 생긴다.

1단계 : "불쾌해. 화가 나." (자기 감정 보듬기)

2단계 : "팔이 저리고, 다리가 떨려." (신체 반응 인식)

3단계 : "더 참으면 안 되겠다." (사고과정)

4단계 : "조금 천천히 와주세요. 넘어질 것 같아요." (자기주장)

대화 패턴으로는 해결이 잘 안 되는, 좀 더 오래된 문제들도 있다. 만약 그 문제들이 과거의 상처 때문이라면 전문가의 도움이 필요할 수도 있다. 과거의 시기로 돌아가 내 이야기를 충분히 풀어놓을 곳이 있어야 하기 때문이다. 충분히 수용되면 감추어야 할 이야기는 없음을 알게 되어 안심하게 될 것이다.

예민한 사람들에게는 수치심과 공포심 때문에 감추고 억압했던 감정들을 풀어낼 만큼의 충분한 시간이 필요하다. 그렇게 하면 부당했던 경험으로 예민해진 감각은 스스로를 위험으로부터 지켜내는 약이라는 것을 알게 될 것이다. 그것이 사회로 향할 때 예민한 이들은 날카로운 분석자가 되어 사회변혁과 정의를 실현하는 데 이바지하기도 한다.

169

자기감시가 자기다움으로
바뀔 수 있다면?

질책을 남기는 '자기감시' 대신 '자기다움'을 찾을 수 있다면,
그 사람만의 고유한 특성은 살아난다. '나는 나'일 뿐이다

예민한 사람들은 잘보이고 싶은 사람, 잘해야만 하는 일 앞에 서면 자기감시가 본능적으로 심해진다. 자기감시가 심한 사람들을 만나보면 어렸을 때 나가 놀다 무릎이 까지거나, 스트레스 때문에 손톱을 물어뜯어 다 헐어도 엄마한테 혼날까봐 숨겼었다는 말을 한다.

초등학교 때 옆 짝꿍이 "야, 저리 가!" 하고 밀친 작은 사건들뿐만 아니라, 중·고등학교 때 당했던 따돌림 경험, 원하는 대학에 진학하지 못해서 느낀 좌절감이 생각나면 또 한 번 가슴이 쿵 내

려앉는다. 지나간 일이라도 상처는 오래 남는다.

하지만 대부분의 상처들은 엄청난 일이 아닌 작은 일들로, 지적받고 수용되지 못한 경험이 쌓여 마음에 생채기를 낸다. 자신도 모르는 사이에 자기비난과 수치심이 자라나 자기검열이 습관화된다.

자기검열은 지지해주지 않았던 가족이나 가까운 사람 때문에 생긴다지만, 거역하지 못하는 자신에게도 문제가 있다. 지워지지 않는 회상일수록 부정적인 것이 많다. 이를 심리학 용어로는 '부정적 편향'이라고 한다.

C는 지금은 성인이 되었지만, 학창시절 외식만 하면 실랑이를 벌이던 가족의 기억은 여전히 어둡고 씁쓸하다.

"나 보쌈 싫은데, 피자 먹고 싶은데."

"아니, 보쌈집에 와서 무슨 피자?"

아빠는 작은 것 하나 제때 긍정해준 적이 없다.

"그러게, 집에서 피자 시켜먹자고 했잖아요."

"너는 양보가 없어. 대학생이나 돼갖고, 그냥 먹어."

엄마도 거들었다.

"싫다고요!"

결국 그 순간을 못 이겨 문을 박차고 나왔던 일들이 언뜻 스쳐 지나간다.

지난 일을 생각하면 '별것 아닌 일에 내가 왜 그랬을까?' 머쓱하지만 가까운 사이일수록 정서적 의존 때문에 마음의 상처를 쉽게 받는다. 가족이나 사랑하는 사람의 지나가는 한마디에 화를 다스리지 못하고 기분이 좌지우지된다. 하지만 집에서와 달리 밖에서는 사정이 달라진다. 타인들 앞에서는 말을 아끼고, 자기 의견을 굽힌다.

우리는 소중한 사람의 "안 돼!"라는 사소한 말 한마디에 내쳐졌다는 절망감을 느끼며, "괜찮아"라는 한마디에 모든 것을 다 가진 듯 행복해한다. "미안하다"는 말을 달고 사는 사람들을 보면 실제로는 미안할 일이 별로 없다.

'미안하다'는 말과 '자책감'은 늘 착한 사람들의 몫이다. 하지만 시간이 지날수록 불만은 쌓이게 되어 있다. 억울함이 지나쳐 피해의식까지 생기면, 매사를 부정적으로 보는 '부정적 편향'이 고착화된다. 그렇게 되면 결국 자신뿐만 아니라 주변 사람들까지도 힘들어진다.

괴짜라는 말,
남과 다르다는 말을 들어도 된다

부정적 편향을 긍정적으로 돌리는 방법은 상대방의 말을 그대로 받아들이는 것이다.

"그 정도면 잘하고 있어요."
"아닌데요."

비난받는 게 익숙한 사람들은 칭찬을 들으면 거북해한다. 어쩌다 실수를 하면, "또 실수야, 정신 좀 차려야 하는데…" 자책하고 스스로를 비난한다.

그런 사람은 연애장면도 크게 다르지 않다. 애인과 싸워도 상대방을 오해하여 비난하거나, 늘 자신이 잘못한 것 같아 사과만 하는 식이다. 중간은 없고 잘잘못을 따지기 바쁘다. 많은 사람들이 '익숙하지 않은 행복'보다 '익숙한 불행'을 선택한다. 익숙해도 버려야 할 것들이 많이 있는데 말이다.

'행복도 습관이다.'

173

〈호크니〉

영화 〈호크니 Hockney, 2019〉는 화가 데이비드 호크니의 생애를 다룬 다큐영화이다. 그의 유년시절은 가난했고, 금욕적인 부모 밑에서 자랐다. 하지만 그는 별로 힘든 줄 몰랐다고 한다. 부모 탓을 하며 인생을 허비할 수도 있었을 텐데, 무엇이 그런 생각을 가능하게 했을까?

'다르게 생각하고, 다르게 보라'가 호크니의 지론이다. 그는 대학생 때 괴짜로 불리며, 통속적인 스타일을 극히 세련된 방식으로 바꾸는 미술계의 이단아였다. 만약 그가 타인의 시선에 자신을 맞추며 좌절했다면 오늘의 그는 없었을 것이다. 남과 다르다는 것은 위험할 것도 나쁠 것도 없다.

'남과 같을 필요는 없다.'

자기감시는 질책만 남길 뿐이다. 삶을 절정으로 이끄는 것은 자기감시가 아니라, 자기다운 삶을 살기로 결단하는 순간이다. 이제는 화나고 지쳐 울고 있는 자신을 좀 봐주는 것이 어떨까?

'아무것도 아닌 존재는 없다.'

월드스타 가수 보아_{BoA}의 5집 앨범 타이틀곡인 'Girls On Top'
의 가사 중엔 이런 구절이 있다.

나는 나인걸 누구도 대신 하지 말아
(그렇게 만만하게 넘어갈 내가 아니야)
내 모습 그대로 당당하고 싶어

'나는 나'일 뿐이다. 지금 바닥을 치고 있어도 화려한 것을 꿈
꿔도 된다. 한 번쯤 방황해도 되고, 가끔 충동적 욕구를 가져도
된다. 혈기 충천한 행동으로 기이하다는 말을 들어도 된다. 그때
비로소 '참 자기'를 만날 수 있기 때문이다.

세상 모든 사람들이 생김새가 다르고 지문이 다르듯이 나 자신
도 남들과 다르다. 그리고 그것은 너무나도 당연하다. 남과 다름
은 나만의 독특함이지 절대 부끄러워하고 감추어야 할 단점이 아
니다.

완벽하려 하지 말고
한번 경험해보는 걸로!

예민하기에 두려워도 가슴 설레는 것을 일단 시작해보자.
마음만 먹으면 남들이 못하는 틈새 전문가가 될 수 있다.

예민한 이들은 평소에는 새장 속의 새처럼 조용하고 온순한 듯 살아가지만, 반면에 자기주장도 뚜렷해서 아주 다른 두 가지 매력을 품고 있다. 기본적으로 나설 때와 물러날 때를 알며, 관계에서 선을 긋기에 차가워 보이지만 주변을 섬세하게 살피는 따뜻한 사람들이다. 공감력까지 완벽한 사람들이다.

마치 이소연 화가의 작품 〈새장국립현대미술관 청주, 2019〉을 보는 듯하다. '나만의 보물을 찾아서'라는 주제로 열렸던 전시에서, 작품 속 주인공은 밝은 노란 원피스를 입고 새장을 들고 무표정으로서 있다. 좁은 새장에는 노란 새, 초록 새들이 가득하다. 새가 보는 세상은 새장 너머로 투명하게 열려 있고, 가만히 손을 뻗으면 닿을 듯하다. 마치 나에게 "새장 속에서 한번 나가볼래?" 하고 말하는 것 같다.

타자의 제3자의 시각으로 보면, 문만 열면 넓은 세상은 열려 있다.

〈새장〉

그러나 문을 나가는 것이 쉬워 보여도 예민한 사람들에게는 매우 어렵다. 내면의 복잡한 정서는 거추장스럽기만 하고, 긴장과 억압 때문에 세상이 어둡게만 보이기 때문이다.

'새장 문을 여는 것은 혼란스러운 감정도 받아들이겠다는 다짐이다.'

새장 문을 열고 더 넓은 세상을 만나기 위해서는 나와 진실하게 만나 나를 알아주고 다독이는 시간이 필요하다. 그래야 용기를 내고 한 발 한 발 걸어나갈 수 있다. 멈춰야 보이는, 자신을 만나는 시간이 필요하다. 일이든 관계든 전진하는 것만큼이나 멈춤이 중요하다.

자신이 만들어 놓은 많은 선택들, 인간관계, 직업, 취미에 한 번쯤 도전장을 내미는 것도 좋다. 나는 사람들이 만들어 놓은 새장 안의 새는 아닌지 고민해봐야 한다. 새는 안녕한지, 새의 주인은 누구인지, 새에게 물과 먹이는 누가 주고 있는지, 거슬러 올라가면 자신이 보인다.

그동안 차마 직면할 수 없어서 그냥 두었던 자신의 감정이 있을 수 있고, 맞물린 사람들과 엉켜버렸던 감정들이 주렁주렁 달려 있을 수도 있다. 거기에 이름을 붙여보고 감정들을 읽어내려가보자. 시간이 좀 걸리더라도 차분하게 정돈해야 할 것들이다.

그러다가 새장 안에 스스로를 가두고, 먹이를 제대로 주지 않은 주인이 자신이라는 것을 알게 되면 오싹할 것이다.

정신분석학자인 카렌 호나이Karen Horney는, 스스로를 용서하지 않고 끊임없이 감독하는 사람을 '당위의 폭군'이라 지칭했다. 이는 예민함으로 인해 강박적으로 자신을 몰아세웠던 나의 모습일 수 있다.

그런 내가 편안해지려면 가장 먼저 자신을 수용하고 용서해야 한다. 스스로 성찰을 통해 자책 대신 자기수용으로 저울이 기울기 시작하면 보기만 해도 편안한 사람이 된다.

재능은 장점뿐만 아니라 예민함으로 가득 찼던 어두운 그림자에서 나온다. 그 어두운 그림자를 떨쳐버리지 않고 수용하는 그

때부터 다른 사람 또한 도울 수 있다.

예민한 사람의 장점들이 살아나면 뭐 하나를 해도 뿌리를 뽑는 학자의 근성이 나온다. 그들은 자신만의 메모장과 일기장을 가지고 있으며, 관심이 하나로 모아지면 오직 그것에만 전념하며 탁월성을 보인다. 피아노를 쳐도 '체르니'에 들어가다 말고 끝나버리며, 운동을 해도 한 가지를 지속하지 못하던 과거와는 완전히 다르다. 예민한 마음을 다스리지 못해 그간 멈칫했던 시간이 아까울 뿐이다.

"나는 안 될 줄 알았는데, 해보니 되네요."

신기할 것도 없다. 단지 허공을 향했던 마음을 접고 현실의 접점을 찾은 것뿐이다. 때로는 관심 분야의 유튜브를 챙겨 보다 자신도 용기 내어 소소하게 유튜버를 시작하기도 한다. 꼭 박사나 교수가 아니더라도 자신만의 분야에서 공부하는 사람이 바로 학자다. 자기가 좋아하는 취미 혹은 자기가 극복하고 싶은 부분을 공부하기로 마음먹으면 된다.

일단 가볍게 시작하는
습관부터 들이자

S는 마음이 예민해지고 힘들어질 때면 혼자 집에서 노래를 불렀다. 열 번, 스무 번 마음이 풀릴 때까지 불렀다. 고등학교 때까지 팝송을 한글로 깨알같이 옮겨 적어 외우고 불러보는 게 유일한 안식처였다. S는 조용히 존재감 없이 지냈다. 사람들을 신경쓰다 보면 지쳤기 때문에 앞에 나서는 것이 죽기보다 싫었다.

대학교 때 S가 노래를 잘 하는 것을 동아리 친구들이 우연히 알게 되었다. 대학 축제 때 한두 번 불려 다니다가 어쩌다 보니 졸업 후에 트롯가수가 되었다. 하지만 기본 실력도 부족하고, 예민한 성격에 자신감마저 없어서 대중들 앞에 나서는 게 몹시 불편했다. 수입도 적고 이름만 가수인 것이 힘들어서 그만둘까 고민도 많았다.

그러다가 갓 서른 살이 되던 해인 일 년 전, 뭔가 새롭게 시작하기로 결단했다고 한다. '노래의 범위를 팝송까지 넓히자!'

예민해서 잠을 설쳐도 새벽에 일찍 일어나 영어 학원에 갔다. 영어 공부라고 해봤자 20대 초에 토익 6개월 다닌 게 전부였지만 이번에는 1년을 거의 빠짐없이 영어학원을 성실히 다니며 기타도 배우고, 팝송을 불렀다.

진심이 통했는지 새로운 곳에서 연락이 오기 시작했다. S에게 드디어 얼마 전 '교육용 애니메이션 OST' 의뢰가 들어온 것이다. 유아 영어 노래를 작사하고, 원어민처럼 발음하며 노래하기 위해 밤을 꼬박 새우며 영어사전과 씨름하고 있다. 알고 보면 이러한 학자적인 근성도 완벽주의에서 온다. 남이 보기에 힘들어보여도 자신이 행복하고 후회만 하지 않으면 된다.

'조금 늦었을 뿐, 아주 늦은 때는 없다.'

예민한 사람들은 시작이 어렵다. 두려워도 가슴 설레는 것을 일단 시작해보자. 마음만 먹으면 남들이 못하는 틈새 전문가가 될 수 있다. 상처를 쉽게 받지만, 섬세함과 배려로 사람의 마음을 사로잡을 수 있으며, 타인의 감정을 잘 다루고, 학자적인 근성으로 끝장을 보기도 한다.

한편 이들은 실패에 대한 두려움이 높다. 자칫하면 '나는 무엇을 해도 안 된다'라는 부정적인 생각과 자기혐오에 빠지기 쉽다. 시작이 반이다. 모든 것을 '성공해야 한다'가 아닌 '경험해본다'라고 생각하고 가볍게 시작하자.

행복한 감정의
인사이더가 되자

상상력은 단조로운 일상에 변화를 주는 조미료와도 같다.
상상력은 생각의 틀에 사로잡힌 사람에겐 찾아오지 않는다.

상상력만 있다면 불운할 직업은 없다. 항상 '나는 무엇인가?' '어떤 사람이어야 하는가?'에 천착하며 살다 보면 상상력은 고갈된다. 세상은 '어떤 규율을 따라야 한다'는 강박관념을 가진 사람과, 자신의 감수성과 취향을 즐기며 자유롭게 사는 두 종류의 사람들이 있다.

'개인의 정체성만이 아니라 자신의 직업에도 상상력이 필요하다.'

A는 좋은 의도였지만 엄마의 강요로 엘리트코스로 진입해서 누가 봐도 든든한 나무둥치 같다. 경제적으로 자유롭다는 것은 큰 행운이다. 화려한 싱글로 살아가는데, 남들보다 5년은 빠르게 달려왔고 부러움을 사기도 했다.

하지만 요즘 내면의 목소리와 질문들이 자신을 괴롭힌다. 그렇게 업적 위주로 살다 보니 현재 직업에서 보람도 재미도 잃게 되었고, 결국 강박장애가 온 것이다.

상담을 받으며 억압되었던 감정을 분출하면서 내면의 소리를 포착하기 시작했다. 가장 힘들 때 우연히 지하철 스크린 도어에서 천상병 시인의 '귀천'이라는 시를 발견하고 크게 위로를 받았다고 한다. A는 자신에게 문학치유가 도움이 되는 것을 알게 되었고, 요즘 자신의 취향을 점검하며 감수성을 되살리고 있다.

섬세한 감수성과 재능을 나의 것으로 만들려면 시간을 내서 부지런히 연마해야 된다. A는 일 욕심을 줄이고 시간을 내어 여행을 하면서 감수성을 살려 시를 쓰고, 퇴근도 일찍하는 라이프스타일을 바꿔가고 있다.

저녁 일찍 귀가하니 처음에는 거북하고 이상했다. 하지만 차츰 익숙해지면서 이제는 편안히 쉴 수 있는 공간으로 집 안을 꾸며놓고, 넷플릭스 영화를 즐기며 쉼을 누리고 있다. 가능하다면 이처럼 스스로 만든 엄격한 규율과 '돈을 많이 벌어야 한다'는 사회

시스템, 강한 모습으로 살아야 한다는 무의식적 욕망을 추종했던 것에서 벗어나도 된다.

사회가 강요하는 강한 사람, 합리적인 사고와 같은 것은 예민한 사람들의 재능과 환상을 죽게 한다. 큰 조직의 회사라도 예민한 사람의 재능을 믿고 자율권을 주면 성실하게 일을 해낼 것이다. 그들 자신이 스스로를 위협하는 자극을 최소화할 때 나온 창의성은 회사에 유익하게 발전할 수 있다.

하지만 많은 경우 회사가 지향하는 적극성이 부족해 보이는 예민한 사람들은 싫어도 관행대로 그냥 따라 할 것이다. 예민한 사람들은 거기에서 오는 괴리감으로 인해 자기경멸과 수치심을 느끼게 된다.

직관에서 오는 무수히 많은 생각은 때로는 산만해 보이고, 현실에서 벗어나 보일 수도 있다. 때로는 예민한 사람들의 허황된 아이디어도 현실적이고 꼼꼼한 사람과 함께라면 좋은 작품이 될 수 있다.

예민한 사람들은 창의성과 예술적 심미안을 갖고 있다. 은둔과 연마를 통해 민감성이 증가하고, 스스로를 고립시키며 자신의 기량을 닦는다. 배우들이나 화가나 뮤지션 같은 예술가 중에 예민한 사람들은 드라마나 공연이 끝난 후에 극심한 상실감과 혼란을 느낀다. 끊임없이 흘러나오는 상상력과 아이디어를 쏟아놓을 장이 있다는 것은 이들이 존재할 수 있는 이유이기 때문이다. 혼신을 다해 자신 안의 모든 에너지와 감수성을 쏟아낸 자리에는 치유가 뒤따른다.

아이유의 노래 '팔레트Feat. G-DRAGON' 가사에는 섬세한 아이유만의 취향이 가득하다.

> 이상하게도 요즘엔 그냥 쉬운 게 좋아
> 하긴 그래도 여전히 코린 음악은 좋더라
> 핫핑크보다 진한 보라색을 더 좋아해
> 또 뭐더라 단추 있는 파자마 립스틱…

노랫말 속에서 20대 풋풋한 청춘들이 당장이라도 튀어나올 것 같다. 음악이 없는 아이유를 상상하기 힘들 것이다.

영화 〈보헤미안 랩소디Bohemian Rhapsody, 2018〉의 주인공 프레디 머큐리라미 말렉도 자신의 감수성을 믿었던 사람이다. 라디오와 방송사가 외면할 거라는 이유로 음반사가 결사반대했음에도 불구하고 무려 6분이나 되는 실험적인 곡 '보헤미안 랩소디'는 대성공을 이룬다. 이 영화에서는 록밴드 '퀸'이 아웃사이더에서 전설이 되기까지의 이야기가 담겨있다. 프레디 머큐리처럼 다른 사람이 뭐라고 해도 꿋꿋이 나의 길을 갈 때 창의성이 맘껏 발현된다.

자신을 믿는
무한한 상상력

꼭 예술가가 아니라도 남다른 감수성과 재능이 있는 사람들은 아웃사이더가 되기도 하지만 그런 독특성을 인정해주는 사람을 만나면 천재성이 드러난다. 감각의 예민함이 남달라 늘 '긴장과 평정심' 사이를 오가며 내면과 싸울 것이다. 때로는 내면과 접촉하기 위해 술을 찾기도 하고, 심리상담을 통해 긴장을 해소하며 가까스로 지탱해가기도 한다.

민감한 사람들은 비와 눈, 태풍 같은 자연 현상이나 사랑 혹은 실연에도 충격을 잘 받는다. 그래도 결코 감정낭비가 아닌 게, 이러한 충격이 그들의 직업과 일상에서 상상력으로 발전하기 때문이다. 심지어 본인은 기분이 처지고 감각이 떨어져 고통스러운데, 남들에게는 쓸쓸한 모습이 낭만적으로 비춰지기도 한다.

창의성이 고갈될 때는 잠시 쉬어가거나 순조롭게 될 것을 믿으며 좀 말랑말랑해지는 등 자신을 내버려둘 필요가 있다. 빈틈없고 완벽주의적인 이들은 자신의 아이디어와 상상력 때문에 열병을 앓기도 한다. 그러나 오랫동안 무시당하고 이해받지 못하면 평소에는 귀엽고 여린 강아지처럼 다 맞춰주다가도 흥분한 사자처럼 변해 남들 눈에 위험해 보일 수도 있다. 그러니 회사에서 자신의 창의성과 열정을 모두 이해해주기를 바라지는 말자.

대신 자신의 창조적 충동을 드러낼 수 있는 직장 밖의 안전한 사람 하나는 있어야 한다. 즉 감정의 소용돌이를 안락하게 잠재울 수 있는 곳이 있어야 한다. 합리성과 현실성만 강조하는 사람들과는 적정 거리를 유지하는 것이 자신을 보호하는 길이다.

"일만 하냐?" "너는 위험한 생각을 하고 있어." 이렇게 말하는 사람들이 있는 직장, 연구소, 모임 등은 예민한 사람들의 영혼까지 좀먹는다. 이들은 이해받지 못했다는 실망감과 좌절감에 스스로를 비하하며 풀이 죽기도 한다.

민감한 사람들은 상상력과 감수성을 느끼고 걸러낼 혼자만의 시간이 필요하다. 가끔은 자기만의 깊은 세계에 숨어 있는 시간이 필요하지만, 그렇다고 주변 사람들을 너무 외롭게 하지는 말자. 특히 직장에서는 간간이 상사나 동료에게 그들과 연결감이 있다는 것을 가끔 표현해주어야 오해가 생기지 않는다. 때로는 나의 감수성을 적절하게 숨김으로써 세상을 편하게 살아가는 법을 터득하는 것이 지혜이다.

직관과 폭넓은 감정의 스펙트럼으로 신비스러운 이들은 때로는 자신을 이해해주지 않는 세상 때문에 외롭다. 남들이 보지 못하는 것들이 보이는 투시력 때문에 부모에게조차 이해받지 못했을 수도 있다.

민감해서 남과 다르고, 나만 이상한 것 같지만 바로 그런 '다름'에서 창의성이 나온다. 독특한 그 점이 누군가에게는 매력으로 감지될 수 있다.

현실성과 논리만이 인정된다면 그곳은 닫힌 사회이며, 차이가 소멸된 사회다. 규칙적이고 틀에 갇힌 사회에서 아웃사이더가 되는 것을 두려워하지 말고, 자신을 믿는 무한한 상상력으로 행복한 '감정의 인사이더'가 되어보자.

마음챙김으로 나를
치유하는 시간을 갖자

'혼자만의 시간'은 자아성찰에 반드시 필요한 밑거름이다.
나 자신을 조각조각 탐색해보는 과정을 통해 성장할 수 있다.

예민한 사람들은 자신의 내면을 깊이 파고들어갈수록 새로운 무엇이 나온다. 마치 우물에서 물을 긷듯이 이들은 자신을 탐구하는 데 재주가 있다. 그리고 이들은 '언제나 내가 옳다'는 결론을 얻는다. 그만큼 자신에 대한 믿음과 확신이 있다.

이들의 이야기는 누구나처럼 첫사랑, 회사, 친구, 성격, 사는 동네, 애인, 취미, 학창시절 얘기까지 모든 주제를 망라한다. 그런데 일반 사람들과 다른 점은 이들의 이야기가 더 깊다는 점이다. 대수롭지 않게 툭 던지는 말이 얼마나 많은 생각을 거쳐서 나온 말인지 알 수 있다.

이들의 사색의 깊이는 그 누구도 따라갈 수 없다. 그들은 그냥 한마디할 뿐인데도 그 안에는 많은 이야기가 담겨있다. 말하자면 이런 것이다.

"제가 어릴 때 살았던 동네가 좀 못사는 곳이었어요." 한마디하고는 말이 뚝 끊어진다. 그게 어떻다는 것인지, 그 다음에 어떻게 됐는지 궁금증을 유발한다. 별말 아닌 것 같지만 깊은 사색에서 나온 핵심 이야기인 것이다.

그래서 상담하다가 이런 사람들을 만나면 많은 이야기를 시키지 않는다. "좀 더 얘기해줄 수 있나요?" 물어보기도 하지만, "아니, 그랬다구요"라며 입을 다물어버린다.

이럴 땐 눈빛, 입술 움직임, 숨소리를 들으며 조금 기다려주면 된다. 이들은 깊은 침묵 속에서 감정의 소용돌이를 스스로 차분하게 가라앉히는 힘이 있다. 예민함을 극복하면서 종교나 명상혹은 문학작품으로 승화시키는 사람들도 있다.

2019년 노벨문학상 수상자인 페터 한트케Peter Handke의 예를 들수 있다. 그는 자전적인 글을 통해 내면의 깊은 이야기를 반영하는 작가로 잘 알려져 있다. 소설 『긴 이별을 위한 짧은 편지』는 커플의 이야기로, 사라진 아내를 찾아 미국 전역을 횡단하는 낯선 땅으로의 여정을 담고 있다. '과거의 자기'와 결별하고 '새롭고 낯선 자기'를 찾아가는 여정을 그리고 있다.『소망 없는 불행』역시 다량의 수면제를 먹고 생을 마감한 어머니를 회상하며, 가족의 시선이 아닌 억압당한 여성으로서의 어머니를 깊이 사색해 탄생한 자전적 작품이다.

'고통은 이들을 인간실격자로 만드는 게 아니라 내면의 깊이
를 더해준다.'

예민한 사람들이 어릴 때부터 친구들과 잘 어울리지도 않고 혼자만의 시간을 즐기는 것을 관찰할 수 있다. 자신을 드러내는 일이 거의 없다가 성장하는 과정에서 남다른 재주가 드러나기도 한다. 또한 자신의 내면을 찾아가는 과정에서 자연이나 신을 향한 열망을 자주 발견한다. 산책을 해도 운동 자체보다 자연풍광을 더 즐긴다.

T는 시간만 나면 집근처 둘레길을 걷는 것이 일상이다. 산새들과 조곤조곤 대화도 하고 인스타에 사진을 찍어 올리기도 한다. 가끔 지인과 함께 가기도 하지만 혼자 가는 것을 더 좋아한다. 자연을 바라보면서 자신의 숨겨진 마음을 읽는 마음챙김의 시간이다.

자기비난에서
자기긍정으로

길에 떨어진 나뭇가지를 들고 "너는 왜 여기 혼자 떨어져 나왔니? 네 집으로 다시 돌아가라" 하며 치워준다. 나뭇가지가 마치 자신인 것처럼 보이기도 한다. 마음의 내적 과정을 자연에 투사projection하는 것이다. 움이 트는 새싹을 보며 "살아났구나, 죽지 않고 살아있었어." 말하면 자신도 힘이 솟는다.

이들은 화려한 꽃보다 들꽃에 눈길을 주고, 풀을 밟으며 미안함을 느끼기도 한다. 이런 산책을 통해 어린아이 같은 천진난만함과 감성으로 자기내면을 치유해나가고 있는 것이다. 비 내리는 날의 우중충함뿐 아니라, 푸르른 창공을 통해 위안을 얻기도 한다. '귀거래사'를 노래한 도연명처럼 세상 시름을 자연에게 돌리는 것이다.

이들은 구석진 곳의 조용한 카페, 편안한 친구를 용케도 잘 찾아낸다. 모든 장소가 마음챙김과 명상의 공간이다. 이렇듯 이들에게 후미진 공간과 자연이 쉼이 되는 것은 평소에 머리가 복잡하기 때문이다.

작은 단서에도 온갖 상상을 하고, 그냥 흘려버려도 될 말이 이들에게는 크게 들린다. 마음에 딱지가 앉고 너덜너덜해져도 자신

에게 하는 선문답은 계속된다. "잘한 거니?" "옳았니?" 자신에
대한 잣대가 일반인들보다 제법 높은 것이다.

　그렇지만 실수나 어긋남이 꼭 나쁘게 흘러가는 것만은 아니다.
스스로를 몰아치다가도 가끔은 내면의 소리가 "응, 잘한 거야. 그
정도면 됐어"라고 자신에게 말해주고, 때로는 "너는 무조건 옳
아"라며 씨익 웃어주기도 한다. 그러다 보면 불필요한 생각의 고
리가 끊어진다.

　생각이 많기 때문에 철학자가 되고, 종교가도 되고, 명상이 자
연스럽게 흘러나오는 것이다. 어릴 때는 즉시 반응을 안 해 고집
쟁이라는 말을 듣기도 하고, 융통성이 없어 보이기도 했지만 그
렇다고 생각이 없는 것은 아니다. 예민한 그들은 남의 기분을 먼
저 생각하느라 대답의 타이밍을 놓칠 뿐이다. 스스로 정리해서
답을 찾는 시간이 좀 더 걸릴 뿐이다.

　이들은 오히려 그냥 흘려버리는 사람들보다 진국인 경우가 많
다. 이러한 끊임없는 자기부정은 새로운 자기를 탄생시키는 모태
가 되기도 한다. 이들은 모든 사람에게 자신의 진짜 감정을 다 보
여주지는 않는다. 신중히 테스트를 거쳐 통과한 사람에게만 마음
을 열어주고 그전까지는 조심스럽게 관망만 한다.

　이들은 가벼운 사람, 진지하지 않은 사람을 무척 싫어한다. 자
신도 비슷하게 대해주면 그만인데 예민한 사람들은 그게 잘 안

193

된다. 그 사람의 성격이려니 하고 대충 넘어가지를 못한다. 그러고 나면 묻어두었던 말들을 혼자 있을 때 쏟아 놓는다.

수다보다는 자기만의 비밀노트를 선호하는데, 마치 사춘기 소녀들이 자신만의 상상 속 친구를 만들어 놓는 것과 같다. 성찰을 거듭하면서 가까운 사람에게 마음을 조금씩 보여주기 때문에 사람들은 예민한 사람을 오래 만났어도 이들에 대해 잘 모른다. 그러다가 몇 년에 한 번씩 숨겨놨던 자기 얘기를 꺼내놓으면 주변에선 깜짝 놀라게 된다.

유난히 자연을 좋아하고 혼자 있는 시간을 갖는 것은 스스로를 치유하기 위해 선택한 방법일 것이다. 예민함은 자신의 내면을 뿌리 깊게 내리도록 돕는 동시에 이들만의 특유한 매력을 더해준다. 이들은 마음챙김을 통해서 생활 속에 실천하는 자기비난을 자기긍정으로 바꿀 힘을 가지고 있다.

'좋으면 하고, 아니면 말고!' 이 말을 꼭 기억하자

내가 좋아하는 것, 자신 있는 것에 몰입하다 보면
어느 순간 그것이 나의 특기가 될 수 있다.

최근 4년제 대학교의 평균 취업률은 62.4%로 저조한 편이다(한국교육개발원, 2018). 고학력이 취업을 보장하던 시대는 지나갔고, 전공을 선택할 때 주로 성적에 맞추려다 보니 적성을 간과하게 되는 경우도 많다. IMF 외환위기와 글로벌 금융위기의 여파로 앞으로도 낙관만을 할 수는 없는 현실이다.

이럴 때 자신이 몰입할 수 있는 일을 찾는 것이 중요하다. 자신에게 가치 있는 일, 좋아하는 일을 찾는 것이다. 예민한 사람들은 남들이 한다고 무조건 따라가는 일은 잘 하지 않는다. 그런 점에서 이들은 몰입을 잘한다. 따라서 전공을 살리는 것도 좋지만, 전공을 크게 벗어나지 않으면서 자신이 잘하는 것을 갈고 닦아 취업하는 것도 좋다.

방향만 잘 잡으면 조금 늦게 시작했어도 두려워할 필요가 없다. 집요한 구석이 있는 예민한 사람들은 속도보다 방향성을 확인하며, 방향만 확실하면 자신이 있기 때문이다.

관심 분야의 책을 3권만 읽어도 자신감이 붙는다. 영어공부를 한다고 해도 마찬가지다. 학원을 등록해도 좋지만, 책 한 권이라도 사는 식으로 약간의 투자는 해야 한다. 원서를 술술 읽으려면 마음에 드는 단행본을 사서 직장이나 카페에 갈 때 들고 다니며 읽거나, 전자책으로라도 매일 조금씩 읽어야 한다. 단어장을 만들어 하나씩 써보고 암기하는 것도 좋다.

자신의 꿈을 이루는 사람들은 "하고 싶어"라고 말하는 대신 '일단 시작'한다. 운동을 하고 싶다면 헬스클럽 접수부터 하고, 원어민 발음을 따라하기 위해 영어CD를 산다.

차갑지도 않고 뜨겁지도 않은 것은 이루어지지 않는다. 예민한 사람들은 공부도 사랑도 일도 신중하게 결정하는 대신, 일단 하기로 마음먹으면 시작부터 몰입한다. 어디선가 몰입하는 사람을 본다면 그는 자신과 싸우고 있는 중이거나 혹은 이미 그 단계를 넘어섰을 수도 있다.

예민한 기질로 인해 몇 번의 시행착오도 있지만, 일단 자신의 직관을 믿기 때문에 귀기울이면 안 되는 이유 같은 논리쯤은 쉽게 허물어진다. 자신의 속물근성, 이기심, 자기 평가에 예민함을 발휘하며 철저히 숙고한다.

절박함은 이들을 몰입하게 만든다. 이들은 현실에서 겪은 패배감에 마냥 주저앉아 있기보다 오히려 자신을 기필코 이겨보겠다는 오뚜기 근성으로 힘차게 다시 일어선다.

많은 에피소드가 얽히고설켜 만들어진 꿈은 몰입하게 하는 힘이 있어 멈출 수 없게 만든다. 몰입하게 되면 마냥 좋고 행복해서 그만한 대가를 지불해도 결코 아깝지 않다. 좋아하는 그 일을 위해 때로 수입이 줄어들더라도 인내해야만 한다. 그래도 포기할 수 없는 것, 다른 것을 하다가도 다시 그곳에 와 있는 그것이 바로 꿈이다.

꿈을 찾지 못해 노력하지 않는 게 아니라, 진짜 내 꿈이 아니기 때문에 몸과 마음이 움직이지 않는 것이다. 꿈은 찾기보단 실행하는 것이다. 최소한의 현실이 뒷받침되어야 함은 물론이다. 꿈을 이루기 위해 돈도 모아야 하고, 당장은 먹고 사는 게 먼저니 몇 년을 기다려야 할 수도 있다.

꿈과 돈은 반드시 함께 가지는 않는다. 오히려 그 반대라 어떤 각오 없이는 함부로 꿈꿀 수 없다. 그리고 타인의 유익이 빠져버

197

린 꿈은 커진 공룡처럼 이기심만 살아 추악하며, 타인을 짓밟는 도구로까지 전락할 수 있다.

예민한 사람들은 나의 꿈이 누군가에게 위로의 끈이고, 풍요의 안식처이기를 바란다. 사람이 도구화되는 세상에서 자신만은 그러지 않기를 꼼꼼히 성찰하며, 뜻대로 되지 않을 때는 마음 아파하는 사람들이다. '겨우 이럴 바에는 시작도 하지 말걸 그랬나…' 후회하기도 하면서 말이다.

"이만하면 됐어!"
칭찬이 나를 살린다

D는 '일만큼은 제대로 하고 싶다'는 말을 자주 한다. 실력이나 집중력이 좋다는 말도 자주 들어왔다. 주말에도 밀린 서류 작업 때문에 바쁘다. 연봉도 나쁘지 않지만 일이 너무 바빠서 자기 시간이 거의 없다. 일에 치여 야근하랴, 회식하랴… 그래서 휴일에는 쓰러져 자기 바쁘다.

그런데 요즘 양치와 세수를 할 때 세 번씩 위아래를 맞추는 이상한 버릇이 생겼다. 그대로 안 하면 이상해서 처음부터 다시 반복한다. 운동도 하루에 최소 2시간이 목표인데, 이전에는 운동 스케줄을 어긴 일이 거의 없었지만 요즘은 빠지는 날이 종종 있다.

D는 양치나 세수를 하면서 숫자나 가로세로를 맞추는 것으로 자기만의 '의식ritual'을 하고 있는 것이다. 이것은 자기가 감당할 분량을 넘어섰다는 것을 의미한다.

예민한 사람들은 '하루 2시간은 반드시 운동을 하자!'는 식으로 목표를 높게 세우는 편이다. 그러다가 20분밖에 못하면 자책하며 운동 자체를 포기하기도 한다. '완벽하지 못하느니 차라리 안하는 게 낫다'는 생각을 하기 때문이다. '모 아니면 도' 식이다.

보고서도 오자가 한두 개만 나와도 '실수가 잦다'며 괴로워하고 자신에게 실망한다. 그런 일이 반복되면 회사에 다녀도 보람이 없고 나의 꿈은 뭐였나 속상한 마음만 커진다.

'다시 뭔가에 제대로 집중할 수 있었으면 좋겠다.'
'일을 제대로 하고 싶다.'

예민한 사람들이 지치면 목표 자체가 두루뭉술해진다. 평소에 목표를 1분 1초까지 강박증적으로 정확히 세우는데 말이다. 이때는 목표를 구체화하되 아주 낮추는 자세가 필요하다.

'매일 20분씩 운동한 것만으로도 나를 칭찬해주기!'

'주말에 2~3시간 몰아서 운동하기!'

이처럼 '실천 가능한 목표 세우기'를 하고, 작은 실천도 칭찬해주면 좋다. 매일 운동을 하면 좋겠지만, 이제는 융통성 있게 주말에 몰아서 하는 것이라 생각하고 인정해주는 것이 필요하다.

칭찬에 인색한 당신은 "이만하면 됐어!"라는 말을 스스로에게 자주 해주면 마음이 안정될 것이다. 예민한 사람들은 자신을 몰아가며 강박적이 된다. 멀티태스킹이 대세인 시대지만, 사람이 동시에 할 수 있는 일의 범위는 분명히 한계가 있다. 그 범위를 넘어서면 실수가 잦아진다.

가치 있게 생각하는 일이라도 막상 직업이 되면 난관에 봉착하는 순간이 생긴다. 어떤 곳이든 서류 작업, 사람관계, 지켜야 할 기한, 책임, 긴장이 있기 때문이다. 특히 완벽주의 성향을 가진 민감한 사람들일수록 더욱 그렇다.

이 상황에서 긴장을 풀어주겠다고 운동이나 취미를 무리하게 늘리면 과부하가 걸릴 수 있다. 몰입하는 힘을 다시 찾으려면 업무량을 줄이든, 운동 스케줄을 조정하든 자신이 감당할 수 있는 만큼으로 안배해야 한다.

잘 쉬는 것이
곧 행복의 시작이다

어느 날 상대를 생각하며 불쑥 건네는 작은 선물 하나에
감사함과 사랑, 우정, 서로를 향한 따뜻함이 오간다.

김소연 작가의 『한글자사전 마음산책, 2018』을 읽다 보면 '덜'이라는 단어가 나온다.

　덜 : 가장 좋은 상태

　'덜'을 설명하는 그 페이지에 '달'이 그려져 있다. 그것도 반달이나 초승달이 아닌 보름달이다. 책 한 페이지의 이렇게 작은 말이 위로가 되다니, 역발상이라고나 할까.

예민한 사람들을 만나면 이런 기분이 든다. 그들은 작은 것에 감동받는 사람들이다. 내가 '덜' 주었는데 '충분하다'라고 대답하고, 내가 '충분하다'고 말하면 '다행이다'라고 말하는 그들이 있어 세상이 꽉 찬 느낌일 때가 있다.

우리는 무언가 큰일을 해내야 대단한 것이고, 비싼 선물을 해야 상대가 행복할 것이라고 생각한다. 그래서 시작도 못한 일이 많고, 선물을 하려다 멈칫하게 된다.

한번은 작은 용기를 낸 적이 있다. 마침 스승의 날이었다. 몇 년 전 모교에 강의를 갔을 때 한 손으로 들 만한 아주 작은 꽃 화분을 교수님께 전해드리고 나왔다. 이후에 교수님의 메시지가 와 있었다. "마음 씀씀이가 참 예쁘다" 별것 아닌 것에 그렇게 감동하시다니 부끄럽기도 했다. 감동 어린 교수님의 말씀이 아직도 잔잔하게 남아있다.

상담을 하다 보면 예민한 사람들이 많이 찾아오는데 그들은 예민해서 쉽게 상처받고 힘들게 살아왔지만 알고 보면 마음만은 섬세하고 따뜻한 사람들이었다. 상담이 끝난 지 꽤 오래됐는데도 간간이 안부를 물어오거나 선물을 보내오는 분들이 있다. 캘리그라피 머그잔, LED 전자 캔들, 영화 티켓 같은 소소한 것들을 카카오톡 선물로 보내주기도 한다. 최근에는 상담에 활용하라며 직접 만든 '수제 스티커'를 보내오기도 했다. 내 취향을 저격한 섬세하고 아기자기한 것들이다. 대학원을 다니거나 이제 겨우 사회인이 되어 돈 쓸 일도 많고 빠듯할 텐데, 걱정이 앞서기도 한다.

그분들이 잘 살아가고 성장하는 모습을 지켜보는 것만으로도 상담자로서 충분히 기쁜 것은 확실하다. 내가 이런 것을 받아도 되는지 고민이 될 때도 있다. 하지만 이들의 '섬세한 성격이 이렇게 나오는구나' 느낄 때면 작은 정성까지 물리칠 수가 없다. 요즘처럼 돈이 전부인 세상에, 부모자식 간에도 돈 선물이 제일 좋다는 지금 같은 때에, 이렇게 작지만 마음이 큰 선물이 좋다.

성과주의 사회는 무언가 더하는 것을 향해 숨가쁘게 달려간다. 바쁘게 빠르게만 내달리다 보면 주변을 돌아볼 여유가 없어지고, 욕망은 새로운 욕망을 계속 낳는다. 이러한 조급증은 필연적으로 갈증을 유발함에도 우리는 뭔가 많이 하려고 한다. 상대가 아직 준비되지 않은 상태에서의 사랑 표현, 선물 공세는 오히려 상대에게 공격적으로 느껴지고 부담을 주게된다. 결국 지친 자아는 주고받는 것을 멈추게 되고, 내면의 갈증을 더하게 될 뿐이다.

요즘 가족과 대화를 주고받는 시간, 이웃과 음식을 주고받는 문화는 거의 사라지고 단절로 가고 있다. 핵가족화가 원인이 아니라, 오히려 일, 건강, 돈, 쾌락에 지나치게 무게를 싣고 있는 것이다.

남보다 더 잘 살고, 더 많이 몸을 단련하고, 무언가 더 해야만

하는 강박증적 시대가 우리를 지치게 하고 가족들과 소소한 마음을 나눌 시간조차 없게 만든다.

'세상의 마지막이 가까울수록 사람들이 자기만 알고, 돈을 사랑하고, 자랑하며, 교만하며, 절제하지 못하며, 조급하며…'
(신약성경 디모데후서 3장)

MBN 프로그램인 〈나는 자연인이다〉가 사람들에게 관심을 받는 것도 이와 같은 시대의 흐름을 잘 반영해주는 것으로 볼 수 있다. 지친 마음을 쉴 수 있는 곳으로 자연을 택한 것이다. 작은 움막에서 지내며 계곡의 물, 산짐승, 바람, 새, 하늘이 친구인 주인공들의 표정을 통해 우리가 지금 잃어버린 것이 무엇인가 생각해보게 된다.

그동안 우리는 아무 비판 없이 타인과의 경쟁, 욕심, 조급증으로 자신을 억압해왔다. 이제 그 반대편에 있는 '느림'과 '작은 것'을 차분하게 바라볼 수 있어야 한다. 예민한 사람들은 이런 사회 변화에 더 못 견뎌하기에 부적응자로 보일 수 있다. 하지만 그들은 건강한 상태에서는 아주 작은 것들도 세심하게 볼 수 있고, '느림'을 잘 실천할 수 있는 사람들이다.

괜찮은 척하지 말고
내면의 목소리에 귀기울이자

M는 서울의 중상위권 대학을 나온 뒤 공사에 취업해서 10년을 달려왔더니 몸이 많이 상하고 지쳐 상담을 받으러 왔다. '감사'를 잃어버렸다고, 아무것에도 감동받지 못한다는 것이었다. 심지어 미식가였던 자신이 식탐마저 없어져 하루에 한 끼 이상 먹지도 못한다고 말했다.

더 이상한 것은 무기력하고, 잠도 못 자서 지치는데도 출근 전에 헬스클럽에 가서 1시간 러닝머신을 뛰고, 퇴근하면 필라테스 학원에 가서 2시간을 운동한다는 것이다. 그렇게 일주일에 3일을 보내고, 나머지 3일은 자전거를 타거나 실내 골프를 간다.

M처럼 남이 보면 활동도 많고 멀쩡해 보이지만 본인은 고통스러운 경우들이 있다. 그녀는 예민한 성향인데다가 학벌에 대한 열등감을 취업으로 보상했는데, 명문대를 나온 다른 직원들에게 밀릴까 늘 노심초사하며, 상사에게 인정받기 위해 무리해온 것이었다. 경쟁심에 지치고, 자기 스스로를 싫어한 적도 많았다.

신체 건강에 문제가 생겼지만 직장에는 말도 못하고 있었다. 직장을 계속 다니는 것에 문제가 생길까봐 두려움이 밀려와 운동에 더 매달리게 되었던 것이었다. "회사를 계속 다니는 것 이상으로 내 몸도 소중하지 않은가?"라는 상담자의 말에 티슈 한 통을 거의 다 쓰며 울음을 터뜨렸다.

그녀는 억눌렸던 감정이 풀리면서 차츰 운동량을 줄이고 잠을 늘리는 쪽으로 마음을 굳혔다. 남들에게 인정받으려고 무리하게 감당했던 야근을 줄이고, 완벽성으로 인한 긴장감을 줄이면서 건강이 많이 회복되었다.

"건강해져서 감사해요." "산책길에서 이름 모를 풀포기만 봐도 감동이 돼요." 마음이 편안해지자 동료들과의 불필요한 경쟁심도 사라졌다. 상담기간이 몇 개월 걸리기는 했지만, M는 좋은 평가를 받아야 한다는 강박관념을 더 이상 갖지 않게 되었다.

예민한 사람일수록 '경쟁' 대신 '쉼'을 가져야 한다. 괜찮다고 자부하지 말고, 지쳤다고, 힘들다고 말할 수 있어야 한다. 상담실에서 만난 예민한 사람들이 점차 회복되면서 좋은 상태가 되면 자기감정에 솔직해지고 부정적인 감정도 표현하기 시작한다.

'자기 구원은 일을 완벽하게 하는 것도 타인 앞에서의 친절도 아니다.'

가끔은 안일함을 누리면서 내 영혼의 쉼을 위한 여유도 가져야 한다. '돈을 많이 버는 만큼 건강을 잃기도 하고, 경쟁적으로 일하면 적이 생긴다'는 사실을 기억해야 한다.

자기 자신과 정직하게 만나는 과정 이후에야 비로소 진정한 감사가 가능하다. 이전에 '괜찮은 척!'하던 피상적인 감사나 감동과는 전혀 다른 차원이다.

내가 먼저 자족과 평안을 되찾으면 주변 사람들까지 환해지고 더불어 행복해진다. 자신의 참 마음과 참 자기를 만나기 위해서는 정상을 향한 숨가쁜 발걸음을 멈추고, 지금 여기 나에게 주어진 삶의 기쁨을 겸손히 온전하게 누려야 한다.

5장

예민하고 민감한
내 모습,
그대로 잘살기

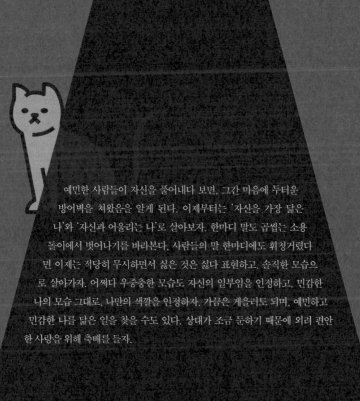

예민한 사람들이 자신을 풀어내다 보면, 그간 마음에 두터운 방어벽을 쳐왔음을 알게 된다. 이제부터는 '자신을 가장 닮은 나'와 '자신과 어울리는 나'로 살아보자. 한마디 말도 곱씹는 소용돌이에서 벗어나기를 바라본다. 사람들의 말 한마디에도 휘청거렸다면 이제는 적당히 무시하면서 싫은 것은 싫다 표현하고, 솔직한 모습으로 살아가자. 어쩌다 우중충한 모습도 자신의 일부임을 인정하고, 민감한 나의 모습 그대로, 나만의 색깔을 인정하자. 가끔은 게을러도 되며, 예민하고 민감한 나를 닮은 일을 찾을 수도 있다. 상대가 조금 둔하기 때문에 외려 편안한 사랑을 위해 축배를 들자.

말을 곱씹지 않는 습관이
무엇보다 중요하다

세상에서 가장 어려운 일 중 하나가 '자신에게 말 걸기'라고 한다.
내가 나에게 충고도, 칭찬도, 위로도 해주는 것이 필요하다.

예민한 성향의 사람은 감성이 풍부해서 예술적으로 '센 사람'이
될 수 있다. 술에 센 사람, 기가 센 사람이 아니라 새로운 창조가
가능한 '창조에 센 사람'이다.

　일반적으로 예민한 아이는 키우기 힘들다고 흔히 인식되어왔
다. 예민함을 인정해주고 키워주는 분위기를 만나지 못해서, 모
두 똑같이 반응하고 순응적이 되기를 바라는 사회 분위기 때문에
예민한 자신을 미워했는지도 모른다.

'예민한 내가 나를 좋아하면 된다.'

내 안의 내가 싫으면 상대방의 별말 아닌 한마디에도 바로 튕겨져나가며 나를 지켜내지 못한다. 그런 나에게 화가 나고 속상하다.

나 자신이 나를 좋아해야 스스로를 믿을 수 있고, 어둠 속에 갇혀 있는 나를 다독이며 밝은 세상으로 꺼낼 수 있다. 발상을 전환해보면 예민함이란 한마디 말 속에 담긴 뜻을 잘 알아차린다는 것이므로 강점이 될 수 있다.

믿음이 가는 사람에게 내 마음을 열어 보이듯, 자신에게 먼저 속마음을 털어놓아야 한다. 누군가 내가 좋아하는 사람을 비난하면 함께 싸우듯, 나의 자아를 이상한 시선으로 바라보고 그러한 상황으로 이끄는 관계라면 끊어내서라도 나를 지켜내야 한다. 과거의 상처와 가슴에 맺힌 응어리를 풀면 곱씹는 습관이 눈 녹듯 사라진다.

언젠가부터 동일한 주제, 동일한 줄거리, 동일한 사람의 말 한마디를 곱씹고 있지는 않은가? 그렇다면 조금 떨어져서 자신을 바라보자. '겉으로 보이는 나'와 '속에서 싸우는 나'는 다른 나인지, 차이가 많이 나는지, 언제까지 그럴 것인지, 내게 질문을 던져보자.

'내 속의 나'가 싫어서 나를 계속 외부에서 찾고 있는 경우가 많다. 문제를 계속 찾고, 곱씹기를 반복한다. 짜증이나 화를 내는 등 예민한 반응을 보이기도 하고, 같은 말을 되풀이 하며 곱씹기도 한다. 아니면 자기 몸을 괴롭히면서 청결의식이 결벽증으로 나타나, 끊임없이 몸을 닦고 또 닦으며 내 안의 불안을 해소하려고 한다.

주변에선 그런 나를 자극하지 않으려고 가급적 조심하지만 쉽지 않다. 예민한 성향을 타고난 까닭에 정신적으로 힘들어하고 고통스러워하는 나를 주변 사람들이 참아주고 맞춰주기도 한다. 덕분에 내가 조금 편안해지면, 주변 사람들은 긴장의 끈이 풀리고 다시 평소처럼 생활할 것이다. 그러면 다시 주변 사람들의 하나하나가 마음에 들지 않을 것이다. 지적하고 비난하고, 나를 자극하지 말라고 호소하게 된다. 탄성의 법칙처럼 다시 되돌아가는 것이다.

일시적으로 내가 변한 것처럼 생각되었을 뿐 근본적인 변화가 없었던 것이다. 내가 나를 못 견뎌하면 자신이 싫어지면서 만사가 귀찮고 힘들어진다. 간단한 스킨십조차 싫어지기도 한다. 이 때 '예민해서'라는 이유로 외면해버리지 말자. 둘 사이의 관계 이전에 '나와 나의 사이'를 먼저 점검해야 한다.

그동안 타인을 먼저 배려하느라 지쳤다면 잠시 멈추어보자. 내

213

가 좋아하는 것, 원하는 부분을 거의 하지 못하고 살아왔다면, 나 자신에게 "그동안 정말 힘들었겠다" 이 한마디를 건네주자. '너와 나' 관계 이전에 '내가 나'를 만져주는 시간이 그 어떤 것보다 중요하다.

예민한 사람은
강한 사람이다

G는 요즘 집과 회사만 무심히 왔다갔다 하는데도 사람들의 한마디가 너무나 신경 쓰이고, 화살을 자신에게 돌려서 곱씹는 날이 많다.

"너는 늘 그렇잖아."
"너는 별 수 없다고."

'말을 곱씹는 것'은 자신과 화해하지 못해서 생기는 나쁜 습관이다. 소음으로 가득찬 세상과 불쾌한 자극을 주는 사람에 대한 불만도 알고 보면 자신이 못마땅해서 생긴 것이다. '내 안의 싫은 나'가 '타자'를 향했을 뿐이다.

친구도 싫고, 애인도 신뢰할 수 없고, 신마저 자신을 외면했다고 느낀다. 누군가를 대면하면 그들의 이야기를 듣고, 봐줘야 할 것 같고, 뭔가 감당하는 것 자체가 힘들어 외면한다. 매사가 마음에 안 들고 못마땅한 것이다.

'내가 싫으면 세상에 대한 신뢰도 없다.'

이렇듯 나와의 관계가 바로 서지 않으면, 사람들의 한마디에도 쉽게 흔들린다.

"쳇, 잘났어. 만날 저 혼자 잘났다고 떠들지."

예민한 사람들 중에는 '불안정애착'이 많은데, 다른 사람들의 사소한 말 한마디, 언짢은 표정까지 곧잘 찾아낸다. 그리고 그것을 자기비난의 도구로 삼는다. 엄마나 애인과의 관계뿐 아니라 일, 공부, 종교까지 모든 분야에서 보이는 현상 그대로 믿는 것이 힘들다.

그러나 자신을 사랑하지 못하면 감정도 자신의 육체도 있는 그대로 인정하지 못하게 된다. 때로는 살아가는 괴로움을 초자아인 이성과 종교적 사고 틀에 넣어버리기도 한다. 이럴 때일수록 자신의 몸과 화해하고, 감정과도 화해해야 한다.

나를 쥐어짜고 괴롭히고 싶은 충동에 시달릴 때, 자신을 미워하기보다는 외부에서 비롯된 많은 요인들을 열거해보면 스스로를 위로할 수 있다. 학사경고, 실연, 부모의 이혼과 죽음, 어린 시절 학대 등 어쩔 수 없는 상황들이 있을 수 있다. 최선을 다했지만 뜻대로 안 되는 것의 그늘에는 내가 통제할 수 없는 주변 상황들이 있었을 것이다.

예민할수록 남보다 몇 배의 고통을 느끼고, 한마디 충고조차 비웃음으로 들릴 수 있다. 예민하다고 사람들이 쉽게 이야기하기도 한다.

민감함을 뜻하는 '센서티브sensitive'는 '상처를 잘 받는 예민함'을 뜻하지만, '남의 기분을 잘 헤아리는 세심함'이라는 뜻도 있다. '예술적인 감성'의 의미도 있다. 결국 '예민함과 세심함'은 커플처럼 한 쌍의 단어다.

'예민한 사람은 강한 사람이다.'

남다른 섬세함이 공감력으로 발휘될 때 '강한 사람'이 된다. '지피지기 백전백승知彼知己 百戰百勝'이라는 말이 있지 않은가. '상대를 알고 나를 알면 백번 싸워도 이긴다'라는 뜻이다. 즉 사람의 마음을 아는 사람은 강하다.

세상에서 가장 어려운 일 중 하나가 '자신에게 말 걸기'라고 한다. 나 자신을 객관적으로 살펴보고, 스스로에게 진솔하게 말 걸기. 때로는 자기 자신에게 충고도 해주고, 칭찬도 해주고, 위로도 해주는 것이 필요하다.

내가 나를 사랑하면
정말 예뻐진다

남을 깎아내림으로써 자존심을 세우려 하지 말고
내가 나를 예뻐하면 된다. 주변의 소음에 휘둘리지 말자.

예민한 사람들은 자신에게 야속하리만치 점수가 박하다. 자신이 못생겼다고 셀카를 절대 찍지 않는 사람도 있다. 주변 사람들에게 휘둘리며 자존감이 약해진 경우도 있다.

N이 자주 듣는 얘기가 있다. "체중을 10kg쯤 감량하면 모를까, 누가 프로포즈하겠어." 이런 악담을 아무렇지 않게 하는 사람들이 있다. 그래도 동료라면서 말이다. 심지어는 썸 타는 남자가 주변을 얼쩡거리면서 관심을 보여 설레는 마음에 친구에게 말했더니, 굳이 친절하게도 남자에게 물어보고는 "네가 김칫국 마신 거

래"라며 직격탄을 날리기도 한다. 친구의 쓸데없는 오지랖이 잘 될지도 몰랐을 남의 연애사를 망쳐놓은 것이다.

싫다는 표현을 하면 간단히 끝날 일이지만 휘둘리기 시작하면 그것조차 귀찮아진다. 어쩌면 불필요한 말들에 휘둘리며 "나는 못 생겼어"라고 하는 나 자신의 목소리처럼 내면의 부정적인 소리가 더 문제다.

같은 여성이라도 '배란기 때 더 예뻐 보인다'는 대학의 심리학과 실험이 있었다. 가임기라는 점에서 진화생물학적으로 충분히 설명이 가능하다. 미국 로체스터 대학 사회심리학자인 아담 파즈다 교수가 "남성들은 빨간색 옷을 입은 여성에게 유난히 더 끌린다"는 것을 연구한 결과도 있다. 사랑을 받으면 예뻐지는 것은 당연하지만, 스스로를 예뻐하며 사랑할 수는 없을까?

외모 때문에 스스로를 못난이로 여기며 부정적인 감정에 휘둘리는 사람에게 "당신은 정말 예뻐요"라고 하는 것은 별로 효과가 없다. 어떤 사람들은 그 말 한마디만으로도 위로를 받지만, 예민한 사람들에게는 먹히지 않는다.

가끔 역공을 하는 것도 방법이다. "얼굴은 안 돼도 운동으로 다져진 몸은 봐줄만 하지요" 뚱뚱해서 데이트신청을 못 받는다고 놀리는 동료 때문에 스트레스를 받는다면 "살을 빼려면 운동하면 되겠지만, 저는 이 얼굴로도 충분한데요" 위트를 날려주자.

스스로 예쁘다는 자기체면을 걸어도 좋다. 스스로를 못생겼다고 깎아내리는 일은 없어야 한다. 그래도 기분이 좋아지지 않으면 어플로 사진을 예쁘게 찍어 프로필 사진을 바꿔보자. '본 것을 믿는' 심리인 일종의 '착시현상'의 활용이다.

기적은 별 게 아니다. 프로필 사진을 상큼한 모습으로 바꾸는 것도 작은 변화의 시작이다. 누군가 "오, 이뻐요"라고 말하면, "어플 덕분이에요"라며 활짝 웃어주자.

휘둘리는 당신,
거절 못하는 심리

"휘둘리고 싶지 않아요."

U는 상담실에 와서 이 말을 되풀이하다 돌아간다.

"무엇에 휘둘리나요?"

"모든 것에 휘둘려요."

상담자의 질문이 무색하게 그의 대답은 늘 '모든 것'이었다. 단지 사람에 휘둘리는 게 아니라 그 사람의 말과 표정, 행동에 휘둘리고, 그냥 날씨가 아니라 바람, 추위, 더위에 일일이 영향을 받기 때문에 그렇게 대답할 수밖에 없다는 것이다. 몇 차례 더 만나면서 U의 '휘둘린다'는 말은 막연하게 싫은 상황을 일괄해서 표현하는 것임을 알게 되었다.

'싫은 상황은 피하고, 싫으면 거절하면 된다.'

누구나 그 사실을 잘 안다. 하지만 알면서도 실제 행동은 잘 안 되는 것이 문제다. 그도 그럴 것이 특히 예민한 사람들은 감정에 압도당해도 그것의 정체는 잘 모른다. 자신이 뭘 좋아하고, 싫어하는지조차 모른다. 자신의 감정, 욕구에 관해 생각해본 적이 별로 없어서다.

그런데 아이러니하게도 불명확하고 애매한 상황을 가장 싫어한다. 오히려 좋고 싫음이 분명하고, 자신에 대해서도 잘 알고 있다고 확신하고 있다.

"나는 솔직한 편이에요"라고 하지만, 이야기를 들어보면 자신의 감정은 쏙 빠져 있다. 이들은 사실만을 서술함으로써 불편한 감정을 회피하는 '주지화intellectualization'의 방어기제를 주로 쓴다. 어려운 단어를 쓰며 현란하게 지적 언어를 구사하지만, 스스로 깨우치고 느낀 살아있는 언어가 아니기 때문에 대화는 겉돌며 지루해진다. 그로 인해 타인과 깊은 관계로 발전하지 못하고 피상적인 관계에 머무른다.

　그런 상황을 스스로 인정하는 데까지는 시간이 꽤 걸린다. 설명을 해주면 머리로는 다 알아들은 것 같은데, 다음에 만나면 다시 같은 패턴이 나온다. 그만큼 오랫동안 감정 기능이 제대로 작동하기 어렵게 억압되고 손상되어 있었다는 의미이다.

　가끔 본인 기분이 좋을 때는 애교로 귀여운 모습도 보이고, 다른 사람 말도 척척 들어주기 때문에 친화력 있는 사람으로 보인다. 하지만 이러한 모습은 감정을 진심으로 느끼고 행동하는 것이 아니라 적응하기 위한 나름의 필살기다.

　평소에 좀 나아지나 싶다가도 예민해질 때면 갑자기 화를 내거나, 불편하면 집에 급한 일이 생겼다며 약속을 취소하고 귀가해버린다. 평소와 다른 행동에 주변에서는 "왜 안하던 행동을 하지?" 하거나, "마음에도 없으면서 뭘…" 하기도 한다.

　예민한 사람들은 부모와 같이 살면서 갈등 상황이 발생하면 도망갈 곳이 없어 정말 힘들어한다. 그래서 평소에 힘들 때 숨을 장소를 미리 확보해놓아야 한다. 자신의 마음을 받아줄 대상이나 힘들 때 가서 쉴 수 있는 카페, 게스트하우스처럼 도망갈 수 있는 장소가 필요하다.

　예민한 사람들은 남들에게 자기 마음대로 하는 사람으로 비춰질 수 있지만, 단지 그들을 참다가 폭발한 것뿐이다. 남들이 자기

감정을 함부로 하고, 선을 넘어와도 그냥 넘어갔던 것들이 쌓여 온 것이다.

'잘 휘둘린다는 것은 자신이 빠져 있기 때문이다.'

결재 서류에 사인이 안 나면 담당자에게 직접 물어보면 되는데, 자기가 쓴 보고서가 신뢰를 주지 못했기 때문이라고 지레 생각하며, 소개팅을 하고 애프터가 안 들어오면 상대방에게 자신이 매력적으로 보이지 않아서라고 생각한다. 물론 그럴 수도 있다. 하지만 그렇다고 이렇게 모든 결정권을 상대방에게 내주면 휘둘리게 되어 있다.

번번이 자신이 빠져 있고 주도권이 없으면 남에게 휘둘리는 느낌이 들 수밖에 없다. 남에게 휘둘리는 게 싫고 두렵다고 해서 무조건 숨지 말고, 싫어도 맞닥뜨려야 한다. 어떤 상황이 싫고 좋은지, 그때의 기분이 어떤지를 스스로에게 물어봐주자.

불편하고 낯선 것을 피하기보다 오히려 다가가자. 그러다 보면 새로운 사람, 새로운 장소, 새로운 날씨가 무섭지 않다는 것을 알게 될 것이다. 스스로를 사랑하는 사람은 자신을 세상으로부터 가두지 않는다. 싫고 무섭다고 피하는 게 아니다.

"바람 부는 날에는 바람막이 점퍼나 스카프를 챙겨볼까?" 이

렇듯 자신이 두려워하는 것으로부터 견딜 수 있는 힘을 시험해보
는 것이다. 장마철에는 가벼운 우산을 무조건 가방에 넣어둔다는
식으로 적절한 대비책을 만들어놓는 것도 하나의 자기사랑법
이다.

'쉼'은 부서진 마음에 찾아온다

조금이라도 쉬면 뒤처지는 것 같고 남들의 시선도 따갑다.
하지만 자발적인 게으름은 죄악이 아님을 기억해두자.

조금만 관심 있게 살펴보면 내 자신이 어느 곳에서 왔고, 어느 곳을 향해 가는지 삶의 방향이 보인다. 그동안 자신을 혹사시켜 왔는지, 당근을 주어가며 달래왔는지 드러난다.

각자의 표정에서, 말투와 분위기에서 풍기는 느긋함은 큰 매력으로 다가온다. 자주 만나고 싶고, 함께 있고 싶고, 아낌없이 나누고 싶은 사람이 있다. 우리의 딜레마는 타인에게 '찾고 싶은 사람' '보고 싶은 존재'이고 싶지만 정작 그럴 여유가 없다는 것이다.

영화 〈라스트 크리스마스Last Christmas, 2019〉의 여주인공 케이트

〈라스트 크리스마스〉

에밀리아 클라크는 누구보다 열심히 산다. 하지만 그녀는 우울증을 겪고 있고, 제대로 되는 일 없이 심한 무기력감에 빠져있다. 생계를 위해 크리스마스 장식용품 가게에서 아르바이트를 하며 마지못해 살아간다.

가수가 되고 싶지만 매번 오디션에서 떨어지고, 스트레스를 푸는 유일한 낙은 술을 퍼마시고 주변에 민폐를 끼치는 일이다. 엄마에게 얹혀사는 그녀는 더 이상 바닥칠 일도 없다. 그때 톰헨리 골딩이 나타난다. 스마트폰도 없고, 데이트 신청도 하지 않아 애태우는 남자지만 그녀의 주변을 맴돈다.

크리스마스 선물처럼 나타난 남자가 그녀를 데려간 곳은 화려한 레스토랑도 분위기 있는 카페도 아니다. 크리스마스 장식품 가게 창 너머로 나무와 들풀이 있는 낡은 벤치, 무료급식소, 길거리, 계단, 아이스링크다.

그렇다! '쉼'의 장소는 이렇게 우리들 가까이에 있다. 심장을 뛰게 하는 것은 이처럼 사소한 것들이다. 지친 사람에게, 부서진 사람의 마음에 '쉼'이 찾아와야 한다. 쌩쌩한 사람에게는 '쉼'이 아쉽지 않다.

내게 쉼이 되는 '사람', 쉼이 되는 '장소', 쉼이 되는 '종교' 등 쉼이 되는 것들은 돈이 많이 들지 않는다. 마음으로 키워지고, 마음을 주면 안겨오는 것들이다.

이런 안락한 쉼을 한 번 맛보면 일에 끌려다니지 않는다. 쉬어가는 징검다리를 놓을 줄 알게 되고, 게으른 자신을 자책하지도 않게 된다. 일만 하며 사는 어두운 열망을 식힐 줄 알게 되고, 가끔 쉬어가며 햇살과 같은 따뜻한 인생의 퇴적층을 만들겠다는 다짐도 하게 된다. 가끔 애인과 차 한 잔 마시며 서로의 눈동자 색깔을 알아맞히고, 흘러내린 머리카락을 쓸어 올려주며 노닥거리는 시간이 필요하다.

우리는 자신의 약점, 마음의 흉터, 고통을 잊기 위해 잠시도 달리기를 멈추지 않는다. 마치 안데르센 동화 〈빨간 구두〉의 여주인공 카렌 같다. 가난한 카렌은 부잣집 미망인의 양녀가 되어 꿈에도 생각지 못한 예쁜 '빨간 구두'를 선물 받는다.

누구나 간절하게 원하는 '빨간 구두'가 있다. 그러나 그것을 한 번 신으면 벗고 싶지 않고, 어떤 계기나 결심이 없으면 죽음의 순간까지도 구두를 벗지 못한다. 동화에서처럼 장례식에서도, 무도회에서도 춤을 추며, 가시밭이나 돌밭 위에서도 춤을 춘다. 우리는 동화속의 카렌처럼 살고 싶지 않지만, 하던 일을 멈추지 못하는 자신을 보게 된다.

쉬는 것도
얻는 것이다

예민한 성향의 사람들은 철저하고 부지런하다. 가끔은 여유를 부리면서 살면 어떨까? 그러나 게을러서는 안 될 것 같은 강박관념에 갇혀 있다.

그렇게 20대가 훌쩍 가고 30대가 되면 바짝 조바심이 난다. 하고 싶은 것을 어렵게 시작했다가도 야근을 하거나 주말에 출근 명령이 떨어지면 모든 취미생활, 운동부터 중단하게 된다. 그러다 지쳐서 한 6개월이라도 쉬면 마음을 돌아볼 수 있을 것 같아 과감하게 휴직을 신청하기도 한다.

하지만 주변의 시선, 연로하신 부모님, 끝나가는 실업급여, 당장 바닥난 통장 잔고를 보며 "이제부터 뭐 먹고 살아야 하지?" 고민한다. 어쩔 수 없이 다시 구직활동에 들어가고, 몇 개월의 꿈만 같던 시간이 이렇게 흘러가버리면 아쉽기만 하다. 시간이 있으면 하고 싶은 것이 많았지만, 막상 하려니 귀찮고, 심심해서 뭐라도 배울까 골똘하다가 그동안 못 잔 잠이나 실컷 자자며 시간을 떼우기 일쑤다.

연애도 하고, 어학연수도 가고, 맛집도 가고, 책도 몇 권 읽고, 영화도 보고, 친구와 사우나 가서 하루 종일 뒹굴거려보고…. 해보고 싶은 것은 참 많았지만 모처럼 시간이 생기면 돈이 없다. 게으름 피우는 것도 해본 사람들만이 하는 것. 뒹굴뒹굴 침대에서 오전 시간을 다 보내면 자책감이 올라온다. '이 시간엔 한창 일할 시간인데…'

"젊을 때 열심히 일해서 돈 벌어놔야지. 그것도 다 한때야."

그렇게 대학 나와 쉬지 않고 일해서 돈 좀 모았다는 선배가 어느 날 직장을 때려치우고 무려 한 달이나 해외여행을 다녀왔다는 것이다. "돈, 돈, 돈!" 하며 누구보다 악착같이 살고, 후배들에게 "지금 돈 벌어야 나중에 후회 안 해"라고 말했던 선배의 입에서 나온 말은 "당분간은 좀 게을러지려고"였다.

'하고 싶은 것을 위해 뼈빠지게 일해 모은 돈을 한번에 다 허비하느니, 조금 벌어도 평소에 하고 싶은 일을 하며 살자' 이렇게 살 수만 있다면 이보다 더 좋을 순 없을 것이다. 단, 소비향락시대의 유혹을 이겨낼 의지는 필요하겠다.

목적지만을 향해 달리다 보면 허탈감과 공허감에 빠지게 된다. 건조하고 팍팍해진 마음을 달래주기 위한 '자발적 게으름'을 선택해본 적이 있는가? 만약 그런 적이 없다면 느슨함이 주는 안락함은 나의 것이 아닌 듯 불안의 저울에 얼굴을 파묻어버리기 쉽

229
-

다. 빡빡한 일정 속엔 각자의 절실함이 숨어 있다. 그 절실함은 누군가에게는 '일'이고, 누군가에게는 '쉼'이다.

자책강박을 버리고 게을러져보자. 우리는 휴식과 여유를 게으름과 혼동하는 경우가 많다. 달달한 고백, 가벼운 농담, 따뜻한 눈빛, 잠깐의 침묵 속에 흐르는 언어를 해독할 수 있는 여유는 바로 게으름에서 온다. 끊임없이 앞만 보고 달리느라 주변의 풍경들이 어떤 모습을 하고 있는지, 철따라 하늘색이 어떻게 변하는지를 놓치진 않았는지 살펴보자. 잠깐 숨을 돌리면 달릴 때 보지 못한 많은 것들이 보이게 되면서 그것을 찬찬히 음미하며 여유를 즐길 수 있을 것이다.

탁상 달력 두 개 중 하나는 '해야만 하는 일', 다른 하나에는 '즐거움을 주는 일'의 스케줄표를 만들어보면 어렴풋이 자신이 보인다. 일 쪽은 빼곡한데, 설렘과 끌어당김의 축이 무너져버리지는 않았는지, 녹슬지는 않았는지 나를 점검할 수 있다.

예민함과 민감함은
나만의 브랜드이다

무엇보다 민감한 자신을 있는 그대로 인정하는 것이 중요하다.
민감한 사람들은 잘하는 일이 있고, 미리 조심하니 실수도 적다.

"나는 혼자 있는 시간이 꼭 필요한 사람이에요."

민감한 사람들을 만나면 호소하듯 이런 말을 많이 한다. 자기
사업도 아니고, 직원들에게 개인 사무실을 내주는 회사도 별로
없는 데 무슨 황당한 말인가?

M은 직장에 잘 다니고 있고 그럭저럭 사람들에게 능력도 인정
받는 편인데 무슨 고민이 있는 건지 궁금했다. 그녀의 설명은 이
러했다.

"칸막이도 없이 따닥따닥 붙어 있는 자리에, 업무상이라지만 옆 사람을 의식하지 않는 시끄러운 통화 소리에 머리가 지끈거려요."

사실 누구나 더 좋은 근무 환경을 꿈꾼다. M의 고민처럼, 아주 예민한 사람이 아니어도 누구에게나 약간의 사적 공간은 필요하다. 최소한의 칸막이로라도 사적 공간을 확보해달라는 의견을 회사 측에 말해야 한다. 자기 자리를 표시하는 명패, 하루의 일과에 필요한 서류함이나 책꽂이는 물론 핸드백을 놓아둘 정도의 작은 공간이 필요하다.

특히 예민한 사람들에겐 이러한 자기만의 공간이 안정감을 준다. 수시로 바뀌는 업무 자리, 수납장 하나 없는 직장 환경은 예민한 사람들에게는 악몽이다.

하루 종일 서서 근무해야 하는 경우, 옆에 작은 패브릭 싱글 소파라도 갖다놓으면 안심이 된다. 그것도 안 된다면 무언가 자신이 좋아하는 것을 책상 위에 놓아 마음을 환기시킬 필요가 있다. 작은 화분, 인형, 예쁜 디자인의 가습기, 애인 사진도 작은 휴식을 준다.

예민한 사람들에겐 하루 종일 자기 자리에 앉아 있는 일은 아주 고역이다. 그들은 소리에 워낙 민감해서 업무상의 대화뿐만 아니라 시시각각 울리는 전화 소리에도 예민하다. 직원들과 얽힐 수도 있는 사적 감정까지 신경 쓰느라 하루 종일 긴장의 끈을 놓을 수 없다.

이럴 때 한숨 돌릴 수 있는 장소로는 직원 휴게실, 탕비실, 탈의실 등이 있다. 이렇게 자극에 노출된 마음을 잠시라도 달래주는 장소를 확보해놓아야 한다.

　"나 지금 열받고 있어. 속상해."

이런 걸 감지했다면 조용히 기지개 한번 켜고, 물 한 잔이라도 마시고 들어오는 것이 좋다. 점심을 먹고 혼자 산책하며 마음을 가볍게 비우는 것도 좋다. 누군가와 함께여도 좋지만 수다쟁이는 피해야 한다.

일주일에 한두 번 외근할 수 있는 업무라면 예민한 사람들에게는 좋은 기회다. 업무 보러가는 주변에 마침 작은 공원이라도 있다면, 테이크아웃 커피 하나 들고 공원 가까이 둘러가면서 여유롭게 심호흡을 해보자.

프리랜서는
절대 '프리'하지 않다

예민한 B는 대학 졸업 후 취업이 가장 걱정이다. 그는 슬쩍 몸만 스쳐도, 발을 밟혀도 신경이 곤두선다. 학교 성적, 토익점수 모두 우수하고 면접도 통과했다. 잠깐은 내색하지 않을 수 있으니 인턴십도 그럭저럭 넘길 수는 있었다. 그러나 매일 사람들과 업무에 부딪히는 근무 환경이 B에게는 엄청난 자극이었다.

아침에 눈을 뜨면 회사에 가야 하는 게 공포였다. 결국 이직과 취업을 반복했다. 직원들과 부딪히는 것도 버겁고, 조직의 분위기도 살벌하게 느껴져 악몽을 꿀 정도로 힘들었다. 혼자 근무하는 조건의 회사를 찾아보았지만 쉽지 않았고, 그렇다고 마냥 실업상태로 있는 것도 불안했다. 집에서 근무하는 직업만 찾을 수도 없고 난감했다.

내 집처럼 편안한 직장은 없다지만 예민함이 심할 경우 B처럼 사회공포증 수준으로 나타난다. 그렇다고 직장에 안 나가고 집에만 있으면 답답하고, 회사를 나가려니 두렵고…. 참 답이 없다.

사람들과 덜 부딪히는 편안한 분위기의 직장을 찾으면 되겠지만, 자신이 원하는 대기업이나 연봉이 많은 직장은 아예 꿈도 꿀 수 없다. 대신 중소기업이나 자영업을 하는 곳에서 자신의 예민한 성향을 미리 말하고 양해를 구하면서 직장생활을 하는 것도 방법이 될 수는 있다.

실제로 상담하며 만났던 사람들 중에서는 예민한 성격을 조심스럽게 적응하며 직장생활에서 성공하는 경우가 많이 있다. 어쩌다 예민함이 불쑥 터져 나와 순간 화를 조절하지 못해서 실수하기도 하지만, 한두 번의 경험을 통해 일전에 부딪힌 사람과는 일정 거리를 두면서 자신의 예민함을 견딜 수 있는 경계를 설정해놓는 지혜가 생긴다. 단, 쉴 새 없이 긴장의 연속인 직장인 경우에는 한계가 있다.

<u>장기적인 은둔과 칩거까지 가지 않도록 직장생활의 끈을 놓지 않는 것이 이들에겐 무엇보다 중요하다. 적응력을 키우기 위해 비교적 쉬운 아르바이트부터 해보고, 차츰 자신이 생길 때 직장을 옮기면 된다.</u> 긴장감이 힘들고 두려워 피할수록 현실력은 떨어지면서 결국엔 사회와 단절될 수 있다.

본인의 성향이 예민하면 본능적으로 자극으로부터 자신을 보호하기 위해 혼자 있고 싶어진다. 그래서 예민한 사람들은 보통 사람보다 더 긴 휴식 시간이 필요하다. 같은 시간을 일해도 피곤함을 쉽게 느끼고 몰입하는 시간도 짧다. 예민해서 잠을 깊이 못 자고, 음악이나 유튜브라도 의지해야 겨우 잠을 잔다. 공연히 자책과 자기비난으로 자신을 괴롭히기도 한다.

이들에겐 연봉은 작아도 야간 근무가 없는 직장, 주중 3일 근무와 같은 프리랜서 개념의 직장이 좋다. 무엇보다 집에 오면 일단 씻고 잠이 안와도 누워 있기라도 해야 한다.

무엇보다 예민한 자신을 있는 그대로 인정하는 것이 중요하다. 예민한 사람들은 잘하는 일이 있고, 미리미리 조심하니 실수도 덜 한다.

문제는 이들이 기업의 요구와 자신이 원하는 근무조건에 대해 협상을 잘 못한다는 것이다. 자기주장을 하기 전에 상대방을 먼저 배려하는 성향이 있는 데다 불편한 상황을 싫어하기 때문이다. '내가 워낙 예민해서….' 하고 넘기다가 손해를 본다. 내게 할 수 있을 만큼만 업무를 부과하는 회사는 없으니, 무조건 퇴사만 하지 말고 협상하고 견뎌내는 과정이 필요하다.

많은 사람의 로망인 프리랜서는 특히 예민한 사람들에게는 최고의 유혹이다. 그리고 누구보다 프리랜서를 잘 할 수 있는 사람들이다. 다만 프리랜서는 자신이 대표나 마찬가지여서 그만큼 자기관리에 철저해야 밥벌이를 한다. 일반 직장인들은 직장 방침을 따르고 상사에게 인정받으면 중간은 가지만 프리랜서는 스스로 영업을 해야 하고, 직업적 품위나 실력 역시 스스로 키우며 자질을 갖춰나가야 한다.

성공적인 프리랜서를 보면 본인 성향의 호불호를 떠나 일단 일과 관련된 사람들은 반드시 만난다. 관련된 직장 상황이나 변동을 재빨리 파악하고 세심하게 대처해나가는 것도 저들의 큰 장점이다. 자기가 만나기 원하는 사람과 일 관계로 만나야 할 사람의 우선순위가 명확하다. 통화와 메시지도 간결하게 하며, 시간과 에너지를 쓸데없이 뺏기지 않도록 자기관리가 철저한 편이다.

때로는 둔감한 사람과
짝꿍이 되어도 좋다

상대에게 기대하는 마음을 내려놓고 상대의 성향을 받아들이자.
예민한 것과 둔감한 것은 서로 성향이 다른 것일 뿐 틀린 것은 아니다.

예민한 커플, 덤덤한 커플 중에 어느 커플이 좋을까? 예민한 사람들은 '왜 내 마음을 몰라줄까?' '왜 저 사람은 저것까지 생각하지 않을까?'라며 상대의 둔감함을 탓한다. 둔감한 사람들은 '왜 저런 것까지 일일이 신경 쓰지?' '말을 하지 않는데 내가 그걸 어떻게 알아?'라고 상대의 예민함을 탓한다.

L은 외로울 때 '나는 전화할 사람도 없고, 대체 뭐하며 사는 건지…'라는 생각이 들어 연애를 하기로 마음먹었다. 주변에서 "당신은 예민하니 반대로 성격이 둥글둥글한 남자를 만나 덤덤한 연

애를 해보라"는 친절한 조언이 있었다.

L이 어렸을 때 얼굴을 찌푸리며 엄마에게 짜증을 내면 예민한 엄마는 참기 힘들어했다. 만약 엄마가 "우리 공주님이 왜 화가 났을까?"라고 말을 해줬더라면 위로가 됐을 텐데하고 L은 생각을 해본다.

방관자였던 아빠는 모녀간의 잦은 갈등에 개입하기에는 아둔해서 전혀 나서지 않았다. 그게 아빠가 살아가는 안전한 방식이었을 것이다. 실실 웃고, 싱겁게 장난치고, 딱 거기까지. 엄마의 말뜻을 못 알아들어 엄마를 평생 외롭게 했던 아빠다.

그래도 돈을 벌어오고 가장으로서의 역할을 나름 했으니 그만하면 됐다고 엄마는 일찍이 체념했을 것이다. 여자로서의 사랑에 목말랐던 엄마는 예민한 성향이어서 남편감으로 둔감하고 무딘 아빠를 만났던 것이다. 그럴수록 엄마의 짜증은 늘어갔지만, 아빠와의 거리는 평생 좁혀지지 않았다. 이런 경우, 대신 딸을 예쁜 공주로, 엄마의 대리 자아로 키우게 된다.

L은 무딘 아빠로 인해 공허했던 엄마의 쓸쓸한 마음을 채워주며 엄마와 공생 관계가 되었을 것이다. 엄마의 예민함과 집요함이 딸을 성공하게 만들었다 해도 억압적인 엄마는 부담스러운 존재다. 하지만 엄마에게 애인 같은 딸, 마스코트로 자란 딸은 자기의 짝을 찾을 때 직관적으로 엄마와 같은 성향의 예민한 남자에

239

게 끌린다. 하지만 직관이 항상 맞아떨어지는 것이 아니었음을
나중에야 알게 된다.

예민한 그도 L처럼 고민에 빠져있거나 외로운 정서를 가지고
있다. 바쁘다는 이유로 혼자만의 시간을 확보하며, L이 원할 때가
아닌 자기가 원할 때 만난다. '아주 이기적인 남자'임을 알지만
L은 왠지 그에게 끌린다.

그의 예민함과 섬세함은 폭풍 같은 사랑 표현으로 이어져 가끔
L의 정신 줄을 놓게 만든다. 당신 기분대로 하다가도 맛있는 음식
과 달콤한 말로 L을 유혹했던 엄마에게 넘어가는 것과 같다. 하지
만 그는 말이 없고 차분해서 엄마와 반대인 줄 알았는데, 그의 예
민함과 소심함이 본색을 드러나지 않게 한 것이다.

엄마의 기분에 길들여진 L처럼 민감한 여자들은 남자의 기분
을 잘 맞추고 종종 복종적인 자세까지 취한다. 이런 커플의 불안
한 관계는 단지 남자친구 때문만은 아니다. 공생관계인 엄마와
떨어지는 것이 두려워 붙어 있지만 며칠 안 가서 불편해지는 것
처럼 남자친구와도 비슷하게 반복되는 패턴이 두려운 것이다.

엄마를 쓸쓸하게 한 무딘 아빠는 나쁜 남자다. 그래도 아빠의
경제력과 생활력 덕분에 L의 가족은 안정적으로 생활할 수 있었
다. 자본주의 사회에서 경제적 능력은 덕목이다. 아빠처럼 다정
함이 좀 부족해도, 둔해서 가려운 데를 긁어주는 세심함이 없어

도 그 정도라면 만나서 데이트를 해도 손색이 없다. 그럼에도 둔한 사람은 공허한 마음을 달래주거나 감정이 뜨겁게 부딪히는 그런 설렘은 없다.

예민해서 끌리고,
둔감해서 편안한

재치 있는 유머와 멋진 매력으로 유혹하는 남자들은 왜 경제적 안정감을 줄 수 없는 건지 모르겠다며 슬퍼하는 여자들이 많다. '아빠의 장점과 엄마의 장점을 고루 갖춘 남자란 세상에 없는 것일까?' 하고 의문을 갖는다. 하지만 단지 그 사람이라서 많은 것을 참을 수 있다면 얼마나 좋을까? 그것은 누군가가 운명처럼 다가오면 가능하다. 그런 운명은 먼저 준비된 사람에게만 찾아온다.

오롯이 '나를 나로 채우는 것'이 먼저 되어야 사랑도 가능해진다. 결국 '나다운 나'가 관건인데, 나의 약점과 이루지 못한 꿈도 용서해줄 때 '나다운 나'가 비로소 가능해진다. 그런 다음 나와 함께 그릇을 채워갈 사람을 만나는 것이다. 그렇지 않으면 부풀린 욕망의 대상을 만들어놓고 사랑이라는 이름만 공허하게 걸어놓게 된다. 끌리는 사람과 함께라면 하루를 살아도 행복한 여자가 있고, 조금 둔해도 안정감을 주는 사람과 일생을 살고 싶은 여자도 있다.

엄마처럼 예민한 사람은 아빠 같이 둔한 남자가 편안해서 결혼할 수 있다. 한 사람이 예민하게 굴어도 한쪽은 대충 넘어가주기 때문이다. 묵묵히 일하면서 가족을 생각하는 사람, 나를 좋아하는 것만큼, 아니 그보다 내 아이들을 더 사랑할 수 있는 사람도 괜찮다. 섬세하고 예민한 내가 나머지를 담당하면 된다. 그의 성향이 나와 정반대라서 소통에 어려움이 있고, 사소한 것에도 의견 차이가 있겠지만 싸우면서 관계가 깊어지는 것이고, 다름이 오히려 매력으로 다가올 수 있다.

둘 다 예민한 성향의 커플도 괜찮다. 대화의 주제와 데이트 시간에 구애받지 않고 이야기를 끝없이 이어가는 커플 중에는 취미, 성격, 삶의 경험이 유사한 경우가 많다. 별 말을 안 해도 잘 통하고, 서로 예민한 성향임을 알고 조심하다 보니 다투지도 않는다. 그러나 어쩌다 한쪽에서 감정이 크게 건드려지면 회복하는 데는 시간이 꽤 걸린다.

이들이 외로움, 슬픔, 고독 같은 감정에 잠길 때는 나락에 깊이 빠질 수 있지만, 상처를 덧나게 하지만 않으면 서로에게 영혼의 동반자가 될 수 있다. 다만 한 사람이라도 꼼꼼하게 가계를 꾸려가면 다행이지만, 둘 다 예민하고 감성이 풍부한 만큼 현실 감각이 없으면 쪽박 차기 딱 좋다.

예민한 커플의 예로는 20세기 프랑스 화단을 대표한 고뇌의 화가 베르나르 뷔페Bernard Buffet와 그녀의 뮤즈 아나벨Annabel Buffet을 들수 있다. 이들은 비슷한 아픔을 서로 위로해주는 사이로 처음 만나자마자 운명적으로 끌린다. 어릴 적 어머니의 죽음, 전쟁의 상흔들을 안고 자란 뷔페가 타인과 소통하는 유일한 방법은 그림이었다. 아나벨 역시 모델이자 가수로, 나중에는 책을 쓰는 작가로서로에게 영감을 불어넣어주었다.

'당신은 화가로 태어난 것 같다. 당신은 우리에게 당신의 외로움, 믿음, 사랑, 살아있는 모든 것들과 자연에 대해 그리고 인간의 물질적, 도덕적 참담함에 마주했을 때의 비탄을 이야기하기 위해 아주 자연스럽게 이미지를 선택했다.'
– 아나벨 뷔페Annabel Buffet 예술의 전당 전시, 2019.

243

예민하고 민감한 사람끼리 사랑하면 상대방을 정확하게 알아볼 수 있다. 마음 밑바닥까지 들어가 위로를 해줄 수 있다. 조금둔한 사람이 예민한 사람의 성격을 받아주는 관계도 있다. 이렇듯 다양한 사랑의 운명은 나에게 다가와야 하는 것을 전제로 하지만, 장차 어디에 닻을 내릴지는 오로지 본인의 몫이다.

누구에게나 그림자는
존재하는 법이다

감추고 떼어내려 할수록 그림자는 더욱 고약해진다.
'우중충하고, 비뚤어지고, 우울한 모습'도 소중한 나의 일부다.

농담과 위트를 적절히 섞어가며 기분 좋게 만들고, 분위기를 띄우는 사람은 어디든 있게 마련이다. 그들이 빠진 모임은 썰렁하고 허전하기까지 하다.

P는 직장 동료의 갈등이나 불편함을 풀어주어 회사에서 감초 역할을 한다. 긴장과 피곤이 쌓이는 불금에 야근, 회식까지 겹치면 다들 녹초가 된다. 물론 P는 예외다. 자신은 피곤해도 이따금 지쳐 보이는 후배들까지 챙기며 "괜찮니?" 하고 묻는 사려 깊음이 있다.

그런 그녀가 직장생활 5년 차에 갑자기 사표를 제출했다. 다른 사람은 몰라도 P라니, 무슨 일인지 모두들 궁금해했다. 승진 누락과 부서 이동 등 이해하기 힘든 상황에서 인사평가가 공정한지에 대한 의문이 발생한 것이다. 학연이 있는 후배를 과장으로 승진시키려고 했다는 루머까지 들려왔다. 공정치 않은 인사이동에 화가 났고, 착잡함과 억울함이 겹쳐 사표를 제출한 것이다. 평소 살갑고 싹싹하던 그녀가 언성을 높이며 흥분하는 모습을 보이자 회사는 발칵 뒤집혔다.

그 누구보다도 놀란 것은 P 자신이었을 것이다. 후배와 동료들이 이상하게 쳐다보는 시선, 상사들의 방관, 싸늘함에 당장이라도 이곳을 벗어나야겠다는 생각이 들었다고 한다. 수치심에 건물 옥상으로 올라갔는데, 정신을 차려보니 빌딩 아래를 향해 머리를 내밀고 있는 자신을 발견했다. 그 순간 너무나 오싹하고 무서워서 울음을 그치고 더 이상은 안 되겠다는 생각에 상담실에 찾아온 것이다.

"과연 내가 잘 살아온 것일까요?"

정직하고 성실하게 살아온 사람일수록 공평하지 못한 상황을 못 견딘다. 평소에 조용하고 차분한 모습을 보이다가도 어떤 상황에 맞닥뜨리면 발작하듯이 화가 폭발한다. 제정신이 들면 자책과 수치심으로 인해 숨고 싶어진다.

억압이 심했던 사람일수록 '흥분한 모습을 보여서는 안 된다'고 생각하며, 자제하지 못한 자신을 용납하지 못한다. 심하면 P처럼 우발적인 행동을 하기도 한다.

가끔 평소와 다른 자아가 튀어나오면서 주변을 초토화시킨다면 쌓인 억압이 많았다는 증거다. 누구나 어렸을 때 부모가 장난감이나 과자를 사주지 않은 것, 형제 편애와 같은 작은 것부터, 부모의 빚보증이나 빈곤 경험, 가족 내 혼외문제, 가정폭력, 아팠을 때조차 방임되었던 긴 그림자들이 있다. 성인이 되어서도 비슷한 상황이 되면 늘 '버림받음'의 감정에 지배당하는데, 이것을 심리학 용어로는 유기공포fear of abandonment라고 한다.

누구나 남에게 들키기 싫은 아킬레스건이 하나씩은 있다. 아무리 사소해도 자신의 아킬레스건과 관련되는 일이 발생하면 감정을 담당하는 뇌의 변연계가 작동해 과잉반응을 한다. 이는 칼 융Carl Jung이 말한 그림자shadow이론으로 설명할 수 있다. 그림자는 자신의 어두운 부분으로 약점에 해당한다. 그림자는 상처일 수도 있고, 보기 싫은 내 안의 추한 모습, 이기심, 더러운 욕망일 수도 있다.

가끔은 우중충하고
싫은 나도 나다

"그 일은 내게 일어나지 말았어야 했어."

부정denial과 억압repression의 방어기제를 자주 쓰다 보면, 겉으로는 웃고 다니지만 속은 울고 다니는 분열상태의 자아가 된다. 가수 조성모의 노래 '가시나무'의 한 구절처럼 말이다. "내 속엔 내가 너무도 많아서 당신의 쉴 곳 없네."

"어릴 적 기억이 평생 따라다니는 것 같아요."

상담실에 있다 보면, 과거의 기억 때문에 힘들다며 눈물 흘리는 20, 30대들을 많이 만난다. 그때마다 단호하게 한마디해준다.

"현재가 중요해요."
"오늘 무엇을 선택하느냐에 달려있답니다."

세상은 늘 공평하지 않으며 나의 아픔과 상처도 나를 나답게 만들어준다는 것을 받아들이자. 물론 상처를 꿰매도 수술 흔적은 남는다.

영화 〈바울 Paul, Apostle of Christ, 2018〉에서 주인공 바울 제임스 폴크너은 극심한 네로의 박해에서도 "사람은 의심스러운 것을 위해 죽지 않습니다"라는 명대사를 남긴다. '부활'을 믿기에 예수의 흔적痕迹인 고난의 상징 '십자가'를 인정한다.

남들처럼 똑똑하지 않거나, 내 잘못이 아닌데도 가난하거나, 부모가 이혼을 하거나, 예상치 못한 병에 걸리기도 한다. 이러한 고통은 '악' 소리를 내며 이를 악물고 참는다고 없어지는 것도 아니다. 우리 삶의 모든 것이 논리적으로 설명되는 것은 아니며, 세상이 늘 공평하지도 않다. 누구에게나 그림자는 존재한다.

그런데 억압받을수록 그림자는 괴물로 변한다. 문자메시지 하나에도 안색이 변하고, 조금만 컨디션이 좋지 않아도 짜증을 내고 자신을 볶아대며 변덕을 부리고 있지는 않은가? 낯설고 익숙하지 않은 나, 자신도 이해하기 힘든 나도 나다. SNS에 실시간으로 평소의 감정이나 일상을 올렸다가도 주변의 반응이 썩 좋지 않아 불안이 올라와서 모조리 비공개로 숨겨놓는다면, 그래야 직성이 풀린다면, 나의 그림자를 못 견뎌하고 있는 것이다.

나탈리아의 그림책 『호텐스와 그림자 다산기획, 2018』의 주인공 호텐스는 심성이 따뜻하고 용감하다. 하지만 그녀가 싫어하는 딱 한 가지, 그것은 바로 자신의 그림자다. 어디를 가든, 무슨 일을 하든 늘 따라다니는 성가신 존재다. 오랜 사투 끝에 호텐스는 시커멓고 섬뜩한 모습으로 변해버린 곰의 모습을 자신의 일부로 인정한다.

감추고 떼어내려 할수록 그림자는 더욱 고약해진다. 이따금 '우중충하고, 심술궂고, 이상하고, 멍청하고, 비뚤어지고, 우울한 모습'도 소중한 나의 일부다.

『호텐스와 그림자』

아무리 예민해도
오늘은 해피엔딩!

사소한 것까지 남들의 지적을 받으며 예민해져도
'오늘은 해피엔딩!'이라고 외쳐보자.

예민한 사람들에게 가장 싫어하는 것이 무엇인지 물어보면, '누군가에게 구속당하는 것'이라고 대답한다. "어디를 가면 행선지를 알려주고, 무언가를 결정할 때는 사전에 양해를 구하고, 돈 좀 아껴 써라." 등의 잔소리가 가장 듣기 싫다.

어떤 남자는 애인에게 친절하게 체중감량 스케줄표를 손편지로 써주기도 한다.

"한 달에 2kg씩 감량하면 몇 달만 고생하면 돼요, 자기야."

'너무한 거 아니야?'라는 생각이 들다가도 애인의 말이 틀린 것도 아니고, 건강도 챙길 수 있고 웨딩촬영을 생각하면 당연한 일이라 고맙기도 하다. 우리는 이유가 타당하고 적당해서 자신의 생각이 무엇인지조차 잊어버리고 산다.

예민한 사람들에게 남을 의식하고 눈치보는 일은 오랜 습관과도 같다. S는 어릴 때부터 집 밖에서는 공부 잘하고, 예쁜 딸로 아빠의 자랑거리였다. 하지만 집에서는 아빠가 엄한 모습으로 돌변했다. 아빠에게 사랑을 받아본 적도 표현해본 적도 없다. 어릴 때는 '어리광 부린다, 게임을 많이 한다'고, 좀 더 커서는 '화장이 짙다, 귀가가 늦다, 친구들이 마음에 안 든다'며 늘 강압적으로 대하는 아빠 때문에 눈치를 많이 봐왔다.

그래서인지 외부의 업무관계에서는 자신이 있는데, 사적인 대인관계에서는 왠지 자신이 없다. 눈치를 보거나 주눅이 든다. 애인의 한마디에도 일희일비한다. "밧데리가 없어 통화가 안 된다" "지금 일하는 중이다" "주말에는 출장이라 못 만난다" 그러면 S는 세상이 무너진다. 그가 어디에 있는지 확인해야 하고, 변심한 것은 아닌지 안절부절못한다.

20, 30대 여성에게 이성과의 친밀감intimacy의 욕구는 자연스러운 것이다. 하지만 집착은 불신에서 온다. 타인이 모두 '자신을 평가하는 아빠'로 보인다면 낭패다. 상황에 맞지 않는 두려움이

행동까지 부자연스럽게 만든다. 일은 똑 부러지게 하면서 정서 부분에서는 자신이 없게 된다. 이런 경우, 스스로에게 "너는 너로 충분해"라고 자주 말해주어야 한다.

'나는 사랑받을 만한 충분한 사람이다.'

타인의 시선을 의식할수록 지치고 외로워진다. 누군가는 아빠 대신 엄마의 시선을 의식했을 것이다. 예민한 사람일수록 그렇게 잘보이고 싶은 대상들이 많다. 타인의 시선에 자신을 맞추는 것은 그의 사랑을 얻고자 함이다. 포기했던 많은 것들이 능력 부족보다 관계에서 인정받지 못했던 나약한 정서 때문인 경우가 많다. 자존감 없이 빈껍데기로 살다 보면 자신이 무엇을 좋아하고, 현

〈가스등〉

재 무엇이 절실한지 보이지 않는다. 성인이 되어서는 애인이나 친구가 사랑을 채워주지 않는다고 늘 불평을 한다. 지금 당장 그런 고리를 끊어내지 않으면 서른이 되고 마흔이 된다고 달라지지 않는다.

마치 영화 〈가스등Gaslight, 1948〉에서 처럼 의식하지 못하지만 스스로를

252
-

정서적 학대에 방치하는 것과 같다. '가스등'에서 주인공 남자는 가스등 불빛을 낮추어 집을 어둡게 만든다. 여자가 집이 어둡다고 호소하지만, 남자는 '모르는 소리'라며 일축한다. 결국 여자는 '내가 이상한 건가?' 체념하게 된다. 이때 '모르는 소리라고?' 하며 의문을 가져야 하고, "나도 옳다"라고 당당히 말할 수 있어야 한다.

가까운 관계일수록 말과 행동이 다른 '이중 메시지_{double message}'를 주며 정서적 혼란에 빠트리는 경우가 많다. 상대방이 "나는 해줄 만큼 다 해주었어, 단지 네가 못나서야"라는 메시지를 반복하면 나는 학습된 무기력에 빠진다. "나는 못났고, 아무것도 할 수 없어." 그렇게 현실 검증력 없이 상대방의 부정적 암시에 빠진다. 통제 욕구가 강한 사람일수록 상대방을 무기력하게 만들어 자기 곁에 두려고 한다.

사회적 성공을 이룬 사람들 중에도 예민한 사람들이 많다. 이들은 그동안 타인의 기대에 맞추면서 성공을 이룬 만큼 정서적 거부감, 수용 받지 못한 느낌 등 정서적으로 취약할 수 있다. "미움 받으면 어때?"라고 하면 되는데, 기댈 수 없는 사람들에게조차 자기존재감을 확인받으려 한다. 이처럼 끊임없이 자신없는 존재로 살아왔다면, 지금부터라도 자신의 욕구를 인정하며 솔직하게 살았으면 좋겠다.

'타인공감' 대신
'자기공감'

과거나 미래에 몰두하다 보면 현재에 소홀하게 된다. 과거에 어떠했든 이제부터라도 '남이 듣기 좋은 말'인 타인공감은 조금 덜하고, '내가 하고 싶은 말'인 자기공감을 하고 살자.

지금의 솔직한 마음, 감정은 무엇이며, 하고 싶은 것은 무엇인가? 20대에 좀 즐기고 싶다면 즐겨도 된다. 연애도 하고, 아르바이트도 하고, 그래서 공부가 조금 소홀하다고 하늘이 무너지지 않는다. 대신 기간을 정하면 된다.

반대로 20, 30대에 앞만 바라보며 공부하거나 일에 매진할 수도 있다. 무언가 성취를 이루었을 수도 있지만, 못했더라도 인내하는 힘이 생겼을 것이다.

못해본 연애가 아쉽다면 지금 해도 늦지 않다. 한창때 술집을 전전하며 친구들과 어울려 다닌다고 잃은 것만 있는 것은 아니다. 친구들과의 우정은 사라져도 추억과 순수했던 감성마저 달아나지는 않는다. 그 나이 때 해봐야 할 것들이 있다.

'현재가 없는 미래는 없으며, 오늘이 해피엔딩이다.'

최근에 〈라라랜드La La Land, 2016〉가
재개봉되었다. 감상 포인트를 어디
에 두느냐에 따라 여러 번 봐도 좋
은 영화다. 마지막 장면에서 주인공
미아엠마 스톤는 선율에 끌려 재즈 바
에 들어간다. 카메라는 '셉스Seb's'
라는 재즈 바 간판을 클로즈업시키
면서 첫사랑의 아련함을 떠올리게

〈라라랜드〉

하며 관객들의 마음을 울린다. 여자친구가 세바스찬라이언 고슬링에
게 "이제부터라도 네가 진짜 하고 싶은 것을 하라"며 지어준 '셉
스Seb's'라는 이름 하나로 그는 자기가 좋아하는 재즈를 하며 살아
가기로 결단한다.

누군가에게 이런 뮤즈가 '짠' 하고 나타나기를 바라지만, 그런
기회도 준비된 사람에게 오는 법이다. 보편적으로 사람들은 '해
피엔딩'을 좋아한다. '가지 않은 길'의 가능성, 상상, 과정만으로
는 아쉬워하며 결과에 지나치게 매달린다. 예민한 사람들은 헤어
나오지 못할 정도의 감정은 위험하며, 후회하지 않을 만큼만 발
을 담그는 '썸'이 편하다.

이제 앞뒤 재는 것은 그만하자. 자신이 '이거 이상한데?'라고
느꼈다면, 정말 이상한 것일 확률이 높다. 상대의 말을 무조건 따

를 게 아니라 주변 사람에게 이런 저런 상황을 물어도 보고, 그렇게 해서 확신이 생긴다면 내 신념과 생각을 밀고 나가는 강단도 필요하다.

늘 당연하다고 믿어왔던 것들을 한번쯤 의심하자. 사소한 것을 부풀려도 되고, 없어서 안 될 것이라고 굳게 믿었던 것을 버려도 된다.

예민한 나만의
따뜻한 온도를 믿으며

'예민함'이란 이상하게도 도망치려 하면 할수록 더 민감해진다.
지금의 나, 예민함 속의 따뜻한 온도를 믿고 그럭저럭 살면 된다.

S는 어릴 때부터 예민했다. 꼬마 철학자라고나 할까. 자신이 사라져버린 세상은 어떻게 돌아갈지를 상상했다. 그 순간 자신이 사라진 것을, 사랑하는 사람들이 모르는 것에 대한 공포가 몰려왔다.

자신의 예민함의 공간에 한 번도 초대해본 적 없는 엄마, 아빠가 떠올랐다. 친구들의 얼굴도 스쳐갔다. 어릴 때 키워줬던 할머니 얼굴까지. 홀로 있다고 생각한 그때, 결코 혼자가 아니었음을 알았다. 그 이후로는 혼자 있어도 외롭지 않았다.

S는 자신의 예민함을 이해해주는 유일한 것이 소설책이었다고 한다. 초등학교 저학년 때쯤이었다고 하니 조숙했다고 생각할 수도 있다. 하지만 그녀는 자신과의 싸움을 치열하게 치르고 있었던 것이다.

예민함은 아주 어릴 때 찾아온다. 타고난 예민함을 가족들도 알아차리지 못한 그때, 어린 그녀는 책을 통해 자신의 외로움을 달랬다. 예민해져 촉각이 곤두설 때, 잠이 안 올 때 명상집을 읽거나 음악을 조용히 틀어놓는 것도 좋다. 음악은 자신을 가두는 울타리도 당위성도 벗어나게 하는 힘이 있다. 음악을 들으면 겹겹이 숨어 있는 자신의 내면과 숨쉴 수 있다.

258

예민함과 민감함은 축복이다. 버릴 수 없는 '내 안의 나'다. 나를 찾아와줘서 고맙고 나와 살아주니 고마운 존재다. 세파에 휘둘리지 않고 자신의 독특성을 유지하는 비결은 자신을 '예민함 그대로 인정하는 것'이다.

〈티파니에서 아침을〉

다이아몬드의 허영과 욕망을 다룬 영화가 생각난다. 〈티파니에서 아침을 Breakfast at Tiffany's, 1962〉이다. 홀리 오드리 헵번가 추구하는 외적 풍요, 환락의 중심에 티파니가 있다.

"멋진 파티네요. 다들 누구죠?"

"몰라요. 그냥 알고 왔어요."

선글라스를 쓰고 자본주의의 논리인 돈만을 좇던 창부 같은 삶을 살던 홀리, 자신의 진짜 모습을 외면하던 그녀는 사랑하는 사람 폴조지 페파드을 만나면서부터 자신에게 솔직해진다. 대단한 선물을 주는 사람보다 나의 예민함과 민감함을 있는 그대로 받아주는 사람을 만나야 한다. 그러면 솔직해질 수 있고 자신의 부족함이나 상처, 욕망도 드러내게 된다. 마시멜로처럼 정서적으로 말랑말랑한 상태가 되어야 사랑도 가능해진다.

좋아하는 것을 하면 설렌다. 자신을 가장 자기답게 하는 그것이다. "이게 뭐지?" 생각할 틈도 없이 가슴이 쿵쿵, 기분 좋은 울림이 퍼지는 일이다. 사고체계보다 몸이 더 빠르게 움직인다. 사랑을 하면 심장박동수가 높아지는데, 이 원리를 이용해서 춤이나 운동을 함께하면 사랑의 감정에 빠진 것으로 착각한다는 연구 결과가 있다.

의학적으로 심장이 뛴다는 것은 살아 있다는 것을 의미하지만 이는 감정에 대한 표현이기도 하다. 예민해서 나를 거부하고, 사랑도 미뤘다면 이제는 새로운 변화를 시도해보자. 나를 나답게 하는 좋아하는 것을 찾아 가슴 설레며 심장이 기뻐하는 삶을 살

259

자. 자기기만, 자기연민은 그만하고, 가슴이 이끄는 대로 따르자.

과거가 아닌 오늘을, 극적인 무엇 대신 소소한 행복을! 체념해 버린 가슴을 다시 뛰게 하는 '한 문장'이라도 자신에게 위로의 말을 건네어보자.

외면했던
나의 공간, 나의 감정

밝은 모습만 '나'라고 선을 그은 자리에는 진정한 내가 없다. 예민함이 자신을 아프게 하면 억지로 아닌 척하지 말고 펑펑 울어도 된다. 예민해지는 감정이 싫다고 몸부림치는 것은 자신을 거부하는 셈이다.

남들이 보면 집착처럼 보여도 내 마음을 빼앗는 것은 결국 나다. 가식과 화려함의 겉옷을 벗고 본연의 나를 만나본 적이 있는지 질문을 해보면 "예"라고 대답할 사람은 그리 많지 않다. 잠깐이라도 그런 허식을 벗어던지고 자신과의 참 만남을 누려보자.

고요한 시간에 예민함은 차분해지며 평정된다. 그런 시간들이 모이면 직관적으로 내가 누구인지 알게 된다.

'나는 시크하고 예민한 있는 그대로의 내가 좋다.'

이 말은 사실이다. 그리고 다른 사람들도 당신의 예민성 때문에 당신을 좋아하는 것이다. 예민한 자신의 감정이 불편할 때도 있을 것이다. 가끔 내면의 성난 분노가 자신을 물어뜯으려고 할 것이고, 갑작스러운 충동에 겁날 수도 있다. 남보다 예민해 비 맞은 기분에 추워질 수도 있다. 하지만 너무 오래 추운 곳에 서 있게 하지는 말자. 자신 안의 작은 품, 눈물과 젖은 몸을 쉬게 하는 곳이 필요하다.

누구나 자기 안에 봄 햇살처럼 따스한 공간이 있다. 각 세우고 밀어내지 않기, 다가오는 사람 거절하지 않기, 들어올 마음의 자리 조금 내어주기, 의지하고 살되 의존하지 않기, 그만두어야 할 때 그만두기, 예민해서 수시로 달라지며 나 스스로를 괴롭히지 않기, 가끔 자신에게 "미안하다"라고 말하기를 강력히 추천한다.

예민하기 때문에 남들보다 할 수 있는 것들이 더 많고, 남들이 못 보는 것도 섬세하게 본다. 내가 나를 좀 더 다독여주고, 타인에게 예민함을 바라지 않는다면, 그럭저럭 만족한 삶을 살아갈 것이다.

현재 나를 괴롭히는 것들은 무엇인가? 분노, 슬픔, 공허감, 열등의식, 질투, 애정결핍, 지나친 경쟁의식까지 끊임없이 찾아오는 손님은 불청객이 아니다. '외면당했던' 내가 쉴 수 있는 공간, 혼자만의 '우는 방crying room'이 필요하다.

내가 밀쳐낸 그 자리에 내가 들어갈 수 없었고, 그 틈만큼 타인도 들어올 수 없었다. 예민해서 잘 울고, 상처받는 나이지만 조금만 자리를 내어주기를. 나의 예민함은 나에게 큰 자산이다. 간격을 좁히지 못할 상처는 세상에 없으니 한 번만 용기를 내어보자.

■ 독자 여러분의 소중한 원고를 기다립니다

메이트북스는 독자 여러분의 소중한 원고를 기다리고 있습니다. 집필을 끝냈거나 집필중인 원고가 있으신 분은 khg0109@hanmail.net으로 원고의 간단한 기획의도와 개요, 연락처 등과 함께 보내주시면 최대한 빨리 검토한 후에 연락드리겠습니다. 머뭇거리지 마시고 언제라도 메이트북스의 문을 두드리시면 반갑게 맞이하겠습니다.

■ 메이트북스 SNS는 보물창고입니다

메이트북스 홈페이지 www.matebooks.co.kr

책에 대한 칼럼 및 신간정보, 베스트셀러 및 스테디셀러 정보뿐만 아니라 저자의 인터뷰 및 책 소개 동영상을 보실 수 있습니다.

메이트북스 유튜브 bit.ly/2qXrcUb

활발하게 업로드되는 저자의 인터뷰, 책 소개 동영상을 통해 책에서는 접할 수 없었던 입체적인 정보들을 경험하실 수 있습니다.

메이트북스 블로그 blog.naver.com/1n1media

1분 전문가 칼럼, 화제의 책, 화제의 동영상 등 독자 여러분을 위해 다양한 콘텐츠를 매일 올리고 있습니다.

메이트북스 네이버 포스트 post.naver.com/1n1media

도서 내용을 재구성해 만든 블로그형, 카드뉴스형 포스트를 통해 유익하고 통찰력 있는 정보들을 경험하실 수 있습니다.

STEP 1. 네이버 검색창 옆의 카메라 모양 아이콘을 누르세요.   STEP 2. 스마트렌즈를 통해 각 QR코드를 스캔하시면 됩니다.
STEP 3. 팝업창을 누르시면 메이트북스의 SNS가 나옵니다.